# 中学校音楽の「常時活動」アイデア大全

臼井 学 編著

Usui Manabu

70
DAILY
ACTIVITIES
for
Music Classes

JN021582

明治図書

# はじめに

　本書の編著についてお声がけいただいたとき，正直「困ったなぁ」と思い
ました。それは，自分自身の実践を振り返っても，また参観させていただい
た多くの授業を思い返しても，中学校音楽科の授業での常時活動について，
ピンと来るものがなかったからです。

　小学校音楽科で，授業の始めに常時活動を行っている授業を参観させてい
ただいたことはありました。小学校の先生方が児童の興味・関心，集中力，
継続性などを考えつつ，時に遊びの要素も取り入れながら，様々に工夫され
た常時活動を行っている様子に触れ，「すごいなぁ」と思っていました。一
方，自分の授業での常時活動的な活動と言えば，「とりあえず既習曲を歌う」
という程度のものでした。何かねらいがあったかと言えば，それほどのもの
はありませんでした。

　かつて創作分野の授業の学習指導案を書いたとき，「学習活動」の最初に，
特に深い考えもなく「1　既習曲を歌う」と書いたことがあります。そのと
き，先輩の先生から「なぜ，創作の授業の始めに既習曲を歌うの?」と聞か
れ，「言われてみればそうだな…」と思ってしまった私は，苦し紛れに「音
楽の授業を始めるための雰囲気づくりです」と答えたことを思い出します。
授業を始めるに当たって雰囲気づくりは大切なことだと思いますが，ほぼ惰
性で行っていた「既習曲を歌う」ということが，雰囲気づくりになっていた
のか，それ以外に何かできることはなかったのか。今さらながら反省しきり
です。とはいえ，「せっかくお声がけいただいたのだから，頑張ってみよう」
と思い，お引き受けした次第です。

　そこで，まず考えなければならなかったことは，本書における「常時活
動」の捉えです。自分で何が書けるのか考えたり，著者としてご協力いただ
いた先生方とメールでやり取りしたりしながら次のようなことが見えてきま
した。それは，これまでの授業実践の中で行ってきた様々な活動の中で，
「常時活動」という意識はなかったけれど，短時間で継続的に行っていけば，

題材の学習にとって意味のある，有効な活動になるものがあったのではないか，ということです。

　中学校音楽科の授業時数は，ご承知のように，第1学年で45時間，第2学年及び第3学年でそれぞれ35時間ですから，一題材にかける時間はそれほど多くは取れません。そこで大切になるのが，前時にやったことを次時の学習に生かせるようにすることと，既習の題材で学習したことを別の題材で生かせるようにすることです。しかし，時間が経てば，忘れてしまったりできなくなってしまったりするのは，ある意味自然なことですので，何らかの工夫が必要だったはずです。そのような視点でこれまでの実践を振り返ってみると，私も著者の先生方も，何らかの工夫をしていたことに気付きました。また，その工夫はある程度継続的に行うことで，より大きな効果が得られるのではないか，と考えました。

　本書で紹介する70の活動例は，著者の先生方が，目の前の生徒の実態を踏まえ，授業で育成すべき資質・能力を，限られた時間の中で身に付けられるようにする活動を展開するために，言わば「常時活動的」に行ってきた活動を振り返り，短時間で効果的に，常時活動として行うことができるような活動として整理したものです。それぞれの活動はある音楽を形づくっている要素の知覚・感受の質を高めたり，ある指導事項に示された資質・能力の育成に寄与したりするものです。

　年間45時間または35時間という授業時数の中で，70もの常時活動を取り入れることはもちろん無理ですので，目の前の生徒を思い浮かべ，その生徒たちにとって有効だと思うものを取り入れてみてください。

　最後に，お忙しい中本書にご執筆いただいた皆様に心から感謝いたします。全国各地の中学校で，生徒が音楽活動の楽しさを感じながら，着実に資質・能力を身に付けていく授業が展開されることを願っています。

2023年3月

臼井　　学

# 目次

## 器楽

## 創作

## 鑑賞

## 歌唱・器楽

## 歌唱・器楽・鑑賞

## 器楽・創作

## 器楽・鑑賞

## 鑑賞・創作

## 表現

## 全領域・分野

第 1 章

# 中学校音楽の
# 「常時活動」の
# ポイント

# 1 「常時活動」と
   題材の学習との関連

　音楽科で「常時活動」と言えば，「授業の冒頭などの５分前後の時間を使って，音楽科の学習内容に関わるねらいをもって，継続的に行う音楽活動」というようなイメージでしょうか。このように考えると，「常時活動」を考え，実践していく上で大切なことは，次のように整理できるかもしれません。
① 　５分前後の短時間でできる。
② 　音楽科の学習内容に関わるねらいがある。
③ 　継続的に行うことで効果が上がるようなものである。
　重要なのは，この３つがそろっていることだと思います。考えてみれば，当たり前ですね。例えば，①について，「常時活動」として位置付けている活動が，15分も20分もかかってしまっては，本来，その授業で学習しようとしていることが十分にはできなくなります。②については，これがなければそもそも何のためにその活動をしているのかが分かりません。音楽科の授業時数は，決して豊富にあるわけではありませんから，何のためにやっているのか分からないような活動に時間を費やすほど余裕はありません。③についても，これがなければそもそも継続的に行う必要はありませんので，何かのタイミングで，単発的に行えばよい活動ということになります。
　今次学習指導要領改訂では，知識や技能の捉え直しが行われました。これまで，知識というと覚えて蓄積するもの，技能というと繰り返し練習して身に付けるもの，というイメージがあったかもしれません。しかし，今次改訂では，中央教育審議会答申（平成28年12月21日）に示された「生きて働く知識・技能」という考え方を採っています。このことに関わって，中学校学習指導要領（平成29年告示）解説　総則編では，次のように解説されています。

知識については，生徒が学習の過程を通して個別の知識を学びながら，そうした新たな知識が既得の知識及び技能と関連付けられ，各教科等で扱う主要な概念を深く理解し，他の学習や生活の場面でも活用できるような確かな知識として習得されるようにしていくことが重要となる。（中略）技能についても同様に，一定の手順や段階を追っていく過程を通して個別の技能を身に付けながら，そうした新たな技能が既得の技能等と関連付けられ，他の学習や生活の場面でも活用できるように習熟・熟達した技能として習得されるようにしていくことが重要となる（後略）

　一方，授業で学習活動を展開する上では，覚えて蓄積する知識や繰り返し練習して身に付ける技能も必要です。中学校学習指導要領（平成29年告示）解説　音楽編では，次のように解説しています。

　題材などのまとまりを見通した学習を行うに当たり基礎となる知識及び技能の習得に課題が見られる場合には，それを身に付けるために，生徒の主体性を引き出すなどの工夫を重ね，確実な習得を図ることが必要である

　例えば，歌唱分野では知識に関わる資質・能力として「曲想と音楽の構造や歌詞の内容との関わり」について理解することが示されていますが，そのために必要な事実的な知識があります。器楽分野では技能に関わる資質・能力として「創意工夫を生かした表現で演奏するために必要な奏法，身体の使い方などの技能」を身に付けることが示されていますが，そのために必要な一定の手順や段階を追って身に付ける技能があります。これらのような基礎となる知識及び技能を，限られた授業時数かつ授業と授業との間が1週間程度空いてしまう中で身に付けられるようにするためには，題材の学習においてどのような資質・能力を育成するのか，どのような学習活動を行うのかを明確にした上で，ある程度継続的に，つまり常時活動的に行っていくことが効果的だと思います。しかもその活動には，生徒の主体性を引き出すなどの工夫が必要です。そのような視点に立って本書で紹介している様々な活動から必要な活動を選んで試してみてもらえればと思います。　　　　　　　（臼井　　学）

## 2　各領域・分野における 「常時活動」の生かし方

　中学校音楽科は表現領域と鑑賞領域で構成され，それぞれに知識の習得に関する事項（事項イ），技能の習得に関する事項（事項ウ　※表現領域のみ），思考力，判断力，表現力等の育成に関する事項（事項ア）が示されています。したがって，領域や分野別にそれぞれ育成を目指す資質・能力があるということになります。一方，音楽活動や音楽活動を通した学習を進めるに当たって，どの領域や分野でも共通に必要になることもあります。

　本書では，常時活動の例として70事例を紹介しています。また，常時活動として紹介していますから，ある程度継続的に行うことで効果が上がる活動という意味をもっています。一方，中学校音楽科の授業時数は3学年トータルして115時間です。仮に本書の活動を5回の授業で連続して行おうとした場合，115÷5＝23ということで最大で23事例を取り入れられることになります。ですから，本書の事例を皆さんの授業に取り入れていただく場合は，70事例から自分の授業にとって効果的だと思われる活動を選択していただくことになります。では，選択する上で必要なことは何でしょうか。

### (1)題材のねらいを明確にする

　何といっても，これが最も大切なことです。音楽科の学習は，音楽活動を通して学習指導要領に示された目標や内容（資質・能力）を育成するために行うものです。したがって，その題材で育成を目指す資質・能力を明確にすることがまず必要になります。現行学習指導要領では，題材を構想する際，表現領域ではア：思考力，判断力，表現力等，イ：知識，ウ：技能の各事項を，鑑賞領域ではア：思考力，判断力，表現力等，イ：知識の各事項を組み合わせて考えることが求められています。

　例えば，歌唱分野でア，イ(ｱ)，ウ(ｱ)の各事項を組み合わせた題材を構想

した場合は，それぞれの事項が示している資質・能力がどのようなものであるかを，学習指導要領解説などを基に確認し，その資質・能力を身に付けた生徒の姿を具体的にイメージしてみましょう。

## (2)生徒の実態を把握する

（1）でイメージした生徒の姿と実際目の前にいる生徒の実態との間には，何らかのギャップがあると思います。それがあるからこそ授業をする意味がありますので，このギャップをしっかり受け止めることが，授業を，生徒にとっても教師にとっても意味のあるものにすることにつながります。

授業では，題材のねらいを達成するために教材を選択し，学習活動を行うことになるわけですが，そもそもその学習活動ができなければ授業は成立しません。学習活動の中に歌う，演奏する，つくる，聴くなどの音楽活動はもちろんのこと，他者と考えなどをやり取りしたり，自分の考えをまとめたりするなどの言語活動なども含まれます。このような活動を取り入れたいと考えたとき，その活動を行うこと自体にハードルを感じるというようなこともあると思います。そのようなときこそ，本書で紹介している活動を役立てていただけるのではないかと思います。

本書で紹介している活動は，短時間で，少ない準備で，生徒が取り組みやすいものになっています。一方，音楽科の授業では時々，「活動あって学びなし」との指摘を受けることもあります。（1）（2）のようなことを大切にしていただくことで，「学びにつながる意味のある活動」として授業に位置付けることができるのではないかと思っています。「学びにつながる意味のある活動」としてある時期，継続的に行った活動は，しばらく時間が経ってから，必要なときに再度，単発的に位置付けても，効果を発揮すると思います。さらに，教師からの指示がなくても，生徒が自分で必要だと思ったときに自分でその活動を取り入れる姿も期待できます。

（臼井　学）

# 3 「常時活動」における
    1人1台端末の活用

　GIGA スクール構想の下で1人1台端末の整備が進み，ネット環境も含め全国ほぼ全ての学校で整備が完了しています。また，コロナ禍の影響により，1人1台端末の活用も様々に工夫がなされました。一方で，なかなか活用が進められず困っているという声も聞こえてきます。前項で述べたように，本書で紹介している活動は，短時間で，少ない準備で，生徒が取り組みやすいものになっていますので，1人1台端末の活用に慣れるという面からも有効かもしれません。

　本書の中には1人1台端末の活用を前提とした活動や，活用することもできる活動などがありますので，もちろん，それらの活動では継続的に端末を活用することができます。何か特定のアプリがなければできない活動もありますが，標準設定されている機能で行うことのできる活動もいろいろ考えられます。そのような機能は音楽科のみでなく他の教科の授業や行事などでも活用されていて，生徒も扱いに慣れているため，短時間で行いたい活動には有効です。ここでは，一般的な機能である録音機能と録画機能を例に，基本的な1人1台端末の活用について考えてみます。

## (1)録音機能

　やはり何といっても，録音機能でしょう。音や音楽を学習の対象としている音楽科で，他教科と大きく異なる点の一つとして，学習の対象が時間とともに次々と消えていってしまうということが挙げられます。そのハードルをどのように克服するのかを考え，何らかの工夫をする必要があります。音楽経験が豊かな生徒は，楽譜によってそのハードルを克服することができますが，多くの生徒にとってはそれも難しいことです。そこで，録音機能の出番です。例えば合唱する際，各自が端末で自分の歌声を録音し，その後自分で

自分の歌声を聴き返すことを常時活動として位置付けてみましょう。いわゆる音取りの場面であれば、自分が音程をどの程度捉えられているのか、強弱の工夫の場面であれば、自分の強弱の変化の程度が自分が目指している変化に近付いているか、声の音色を整える場面であれば、自分の声の音色が自分が目指しているものに近付いているかなどを自己評価することができます。

　このような録音データをクラウド上に蓄積しておくと、自分の歌声の変化や成長を振り返ることができます（「声のカルテ」などと名付けて、活用している例もあるようです）。中学生は自分の声を聴かれることに恥ずかしさを感じることも考えられます。そこで、このような活動では、あくまで自分で自分の声を聴き、自己評価したり自分の課題を発見したりすることに活用することから始めるとよいでしょう。

## (2)録画機能

　録画機能も音楽科では様々に活用できます。例えば、器楽分野の学習で楽器を扱う場合、演奏のしやすさやよい音色の出しやすさなどの観点から、その楽器にふさわしい構え方や手の形などを指導することがあります。かつては教師が一人ひとり見て回りながら、指や手首の位置、角度などについて個別に対応していきましたが、正直、能率も効率もあまりよくありませんでした。録画機能を使うことで自分の演奏場面と教師の演奏場面とを見比べたり、友達の演奏と見比べながら互いのよさや課題について話し合ったりすることは容易にできます。これによって課題に向かうスタートが、「教師に指摘される」から「生徒が自分で気付く」に変わっていくかもしれません。これは主体的な学びの視点からの授業改善にもつながります。

　これも録音機能と同様、録画データをクラウド上に蓄積し、振り返ることによって、生徒にとっては自分自身の技能の伸びを実感することにつながります。また、教師にとっては生徒が何につまずき、それをどのように克服していくのかについて多くの情報を得ることができ、自身の指導の幅を広げることにつながります。

（臼井　　学）

# 4 第2章の読み方

　第2章の事例はニーズに合わせて選択し，取り入れていただければと思っています。そこで，選択する際のヒントにしていただけるよう，各事例の冒頭にはタイトル以外に次の(1)〜(3)について明示しました。これらも参考にしていただき，まずは何か一つ取り入れてみていただければ幸いです。

## (1)領域または分野

　この活動を取り入れることが効果的だと思われる領域または分野を示しています。事例の中には，複数の分野や領域を示しているものもあります。「歌唱」「鑑賞」などのように一つの分野や領域を示している事例であっても，活動の取り入れ方によっては，他の領域や分野の学習に生かすことができるかもしれません。

## (2)学年

　この活動を取り入れることが効果的だと思われる学年を示しています。音楽科の学習内容の特性上，どの学年であっても取り入れることが可能なものも多くあるため，そのような活動については「全学年」と示しています。

## (3)育成が期待される資質・能力／関連する主な指導事項／関連する主な音楽を形づくっている要素

　「活動あって学びなし」とならないために必要な情報です。この活動を行うことがどの音楽を形づくっている要素の知覚・感受の広がりや深まりを促し，〔共通事項〕アの充実につながるのか，どの指導事項に基づく学習の質的な高まりにつながるのか，ということを想定しておくことが大切です。

（臼井　学）

第2章

# 中学校音楽の「常時活動」アイデア 70

# ①歌唱　1年

# 新入生の基礎・基本，
# 楽しくていねいに身に付けよう

関連する主な指導事項：A表現(1)歌唱　ウ(ア)

　中学校入学後の最初の授業。生徒はもちろん教師も緊張の時間です。最初の授業では，自己紹介やオリエンテーションなど和やかな雰囲気で進めつつ，校歌の学習に入っていく学校が多いのではないでしょうか。ここでは，1年のスタートの時期に常時活動的に取り入れることのできる活動を紹介します。

**❶リレー唱で校歌を覚え，安心して声を出せる雰囲気に**

　まずは教師が範唱した後，ワンフレーズずつ生徒が歌います。「おお，綺麗な声だね～」「初めてとは思えないほど大きな声だね」などと生徒を褒めます（よい点をクローズアップすることが大切です）。一番を通して歌った後，「校歌ゲーム」と題してワンフレーズずつ，グループ分けをしてリレー唱をします。「大きな声でつなぐ」「歌うときに立ち，歌わないときには座る」ことをルールに「途切れたらはじめからやり直しだよ」などと冗談気味につぶやきながらスタートします。男女別，名簿番号の奇数偶数別，班別，出身小学校別などあまり少人数にならないよう配慮し，様々なパターンで行います。

　少しテンポアップするとスリリングなリレー唱になり，生徒たちの気持ちも高まります。数分前まで緊張していた雰囲気があっという間に変わります。「みんなすごいね!!　今までの先輩たちの中で一番元気がよいかもしれない！」と褒めたり讃えたりする言葉を伝えることで，さらに気持ちが高まるのではないでしょうか。このように，まずは安心して声を出すことができる雰囲気をつくることが今後の学習の基盤となります。

**❷既習事項を生かしながら歌唱の基礎・基本に迫る**

　リレー唱で気持ちがほぐれた後は，小学校のとき，どんなことを大切にして歌ってきたかをたずねます。中学校は，複数の小学校から集まってきてい

る場合もあるのでいろいろな方法が挙がってきますが，およそ「姿勢」「声量」「口の形」にまとまっていくのではないでしょうか。ここで大切なのは，生徒の声をたくさん取り上げるようにして，小学校での学びを価値付けたり，たくさん認めたりすることです。今後の意欲にも，教師と生徒との関係づくりにもつながっていきます。

　その後，生徒たちから挙げられた方法をどのように意識してきたか，具体的に説明してもらいます。「姿勢は腰をグッと伸ばして，足は肩幅くらいに広げたよ」「いや，私の学校では肩幅より少し狭い方がよいって教わったよ」など，小学校によって少しずつ異なります。話し合ったり教師がアドバイスしたりしながら，それぞれの教わってきたことのよさを生かした，そのクラスとしての「歌うときに大切にしたいこと」としてまとめます。

### ❸基本事項をグループで確認。さらに声域チェックも

　その後，グループに分かれて「歌うときに大切にしたいこと」を確認します。これはグループ学習の練習も兼ねます。各班で「班長」「拍打ち」を決めます。「グループ練習は班長がリードするけど，みんなで声をかけ合いながら確認していくことが大切」と，リーダーに任せきりにならないよう教師が声をかけます。初めてということもあり，中には練習がうまく進められないグループや，ねらいとは異なる方向で練習するグループもありますので，学習を調整するように声をかけます。また，「先生，私たちの歌，聴いて！」と訴えてくるグループもあるでしょう。「いいね〜，素晴らしい！」「えっ？私たちが一番いい？」「う〜ん，どうかなぁ，他のグループもなかなか頑張っていたよ」などと声をかけます。また，このとき，教師は各グループの様子を観察すると同時に，一人ひとりの声域をチェックし，今後の合唱に生かすことができるようにすることも大切です。

　練習の様子を見て基本事項が確認でき，歌声や雰囲気が高まってきたところで全員で校歌を合唱し，ここまでの活動を価値付けます。授業終了後，「音楽の授業，楽しかったな」とつぶやいたり，校歌を口ずさみながら音楽室を出ていったりする姿を見ると，嬉しくなりますね！

（望月　光祐）

## ②歌唱　1・2年

# 発声の違いを
# 感じよう

**関連する主な音楽を形づくっている要素：音色**

　学習指導要領の改訂に伴い，「我が国や郷土の伝統音楽」に関わる指導の充実が示されました。それらを教材とした授業をどのように構成するか，悩まれている先生もいるのではないでしょうか。

　「自分もそれほど詳しくない。和楽器の演奏ができない」など苦手意識をもっている場合もあると思います。私自身，長唄などの歌唱指導には特に難しさを感じていました。一番の理由は，自分では見本を見せることができないという点でした。学校によって事情は様々なので，実技指導にゲストティーチャーを招聘できるとも限りません。そこで，小中学校でゲストティーチャーとしての経験がある長唄の先生に相談し，導入として簡単にできる発声練習を行うことにしました。

　長唄奏者の方は，発声練習は行わないことが多いそうですが，普段西洋式の発声に慣れている中学生にとって，長唄の発声で歌うことは簡単ではありません。気軽に声を出せる発声練習を行うことで，歌いながら声の音色の違いを感じ，我が国や郷土の伝統音楽の学習に向かう意識を高めることができる活動となっています。

### ❶気持ちよく声を出そう

　この活動は，教師が三味線を弾きながら進められるとより効果的ですが，おおよその音程が分かれば楽器がなくても問題ありません。右の図は発声練習の譜面の例です

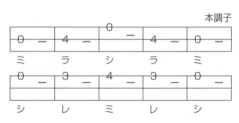

（0は開放弦。階名は，一の糸を「シ」にした場合）。三味線の文化譜で書か

れています。この音程で，ゆっくりと「あーあーあーあーあー」というように任意の母音や母音＋子音（「ま」など）で歌うだけです。この練習では，音程をぴったりと合わせて歌うことよりも，声の音色を意識して歌うことを重視しています。

　長唄の発声を専門的に教えることは難しいのですが，生徒にはいわゆる地声に近い形で，素直にまっすぐに声を出すことを意識させます。「いつもの合唱のときとは声の感じが違うな」ということを生徒が実感しながら歌うことが大切です。活動時間は１〜２分程度で十分です。長唄の歌唱だけでなく，鑑賞の授業の前に行うこともできます。生徒が気持ちよく声を出しながら，我が国や郷土の伝統音楽の世界に自然と入っていける活動です。

**❷指導計画や生徒の実態に応じて**

　この活動は主に１・２年を想定しています。長唄を教材とする授業は２年で行われることが多いのではないかと思いますが，１年で民謡などの教材と合わせて日本の声について学習することもあるのではないでしょうか。それぞれの学校の指導計画に応じて，生徒の実態に合った形で行うようにしてほしいと思います。

　例えば，１年で一度経験した場合，２年では右の図のように高音や低音を取り入れ，音域の幅を広げて行うことも考えられます（一の糸を「シ」にした場合）。特に，

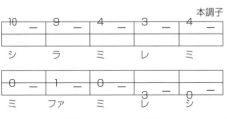

高音を出すときに裏声になる生徒が多いので，長唄の発声を意識したまま高音を歌えるように活動できるとよいでしょう。

　長唄の指導に自信がもてない場合でも，教師が生徒と同じ気持ちになって活動し，生徒と一緒にレベルアップすることを目指していきましょう。

（小林　美佳）

## ③歌唱　全学年

# 音のつながり方を捉えて
# 歌おう（その１）

　歌唱の授業で時々目にする光景として，生徒が楽譜をほとんど見ずに，歌詞の書かれたページのみを見て歌っている，というようなことがあります。なぜそのようなことが起きるのか。それは残念ながら，生徒にとっては楽譜を見る必要がないということでしょう。

　音楽科の教師が新しい歌を歌うときに楽譜を見ているのは，おそらく音高と音価の変化を確認するためではないかと思います。一方，楽譜を見ない生徒は，耳から入る情報を頼りにその情報を記憶して歌います。長い合唱曲を歌う場合は，かなりの記憶力が求められることになります。これは，生徒にとってはなかなか大変なことですね。

### ❶「言葉の楽譜」とその使い方

　ここでは音高や音価を基に，歌詞の言葉を上下させたり言葉と言葉の間隔を調節したりして書き表したものを「言葉の楽譜」と呼ぶことにします。具体的には，次のようなものです（江間章子作詞・中田喜直作曲「夏の思い出」冒頭の「言葉の楽譜」の例）。この使い方は主に次のような感じです。

```
            くー                        お
      が    れ          すー        なー   ぜー
  なつ        ば  だ      はるか              とお
      おもい                                   いそ
                                                らー
```

（ア）「言葉の楽譜」を提示してから歌う

　上の図を板書したり，クラウド上に上げて各自が端末で見ることができるようにしたりして，「これからこの歌を歌おうと思うんだけど，言葉を上下

させて書いているのはなぜでしょう？」と問うてみます。生徒から，音高や音価の変化に関わる気付きが出たところで，「本当にそうなっているか，一度先生が歌うので，これを見ながら，または指でなぞりながら聴いてみてください」と続け，その後，一緒に歌う活動につなげます。

（イ）冒頭の旋律を覚えたところで，「言葉の楽譜」の続きを書く

　１フレーズ目の旋律がある程度歌えるようになったところで，右のような図を示し，「言葉を上下させて書いているのはなぜでしょう？」と問うてみます。多くの生徒が，旋律の音の上

```
            く ー
       が       れ
  なつ            ば
                  おもい
```

下と関連していることに気付きます。そこで，「『おもい』の続きの『だすー』を書いてみてください」と投げかけます。予想以上に書けない場合もありますが，生徒は音の上がり下がりを捉えようと口ずさみ始めます。

　生徒にとって，聴いて覚えて歌えるということと，音の上がり下がりを捉えているということとは，同じようで同じではありません。このような「言葉の楽譜」を利用した活動を，様々な歌を使って短時間でも継続的に行っていくことは，生徒が音高や音価について，視覚から得た情報と聴覚から得た情報とを関連付けて捉えることにつながると思います。そして，その先には生徒に楽譜を見る必要感が生まれることも期待できます。

### ❷合唱題材での「言葉の楽譜」の活用

　合唱をする際，「主旋律パートにつられる」と訴える生徒がいます。これは聴覚情報のみに頼っている証拠かもしれません。右の図は，武島羽衣作詞・滝廉太

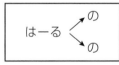

郎作曲「花」の冒頭です。下のパートが下がり切れず，上ずってしまうような場合，このように示すことで，下に下がること，そして，上のパートとの動きが違うことが視覚的に意識できるようになります。さらに，テクスチュアを捉えることにもつながります。

　このような活動の積み重ねが，楽譜を見ながら音高や音価の変化や各声部の関わり方を捉えて歌うことの基盤となります。　　　　　　　　　　（臼井　　学）

# 音のつながり方を捉えて歌おう（その２）

**関連する主な音楽を形づくっている要素：旋律,テクスチュア**

　私事で大変恐縮ですが，大学受験に向けての準備をしていた頃，新曲視唱が苦手でした。特に跳躍の幅が広い音程が出てきたり，臨時記号が付いている音に移動したりするときは，なかなかその音高が捉えられませんでした。しかしあるとき，それを克服する方法を見つけました。それは，その旋律を鍵盤楽器で弾くように指を動かしながら歌う，という方法です。

　ここでは，やや難しめの合唱曲に取り組んでいるとき，なかなか自分のパートの音程を捉えることができずに苦労している生徒の姿を見て，かつて私が新曲視唱を克服したときの方法が使えるのではないかと思い，試してみたことを紹介します。

### ❶「この旋律，弾けるかな？」から始める

　かつては音楽の授業で，各自に１台ずつの鍵盤楽器を用意することは難しかったと思います。しかし現在は，GIGA スクール構想によって整備された１人１台端末があるため，鍵盤楽器のアプリなどを利用することで，各自が鍵盤楽器を持っている状態と同様の環境を整えることができます（余談ですが，私が若い頃，生徒に鍵盤ハーモニカを持参させていたことがありましたが，「中学生なのに鍵盤ハーモニカ？」「弟が使っているから持ってこられない」「もう壊れているので無理です」など，持参させることそのものに難しさがあり，苦労した記憶があります）。

　簡単で短い旋律，例えば，４分の４拍子で４分音符中心の２小節程度の楽譜を提示し，「この旋律，弾けるかな？」と声をかけ，鍵盤楽器などで弾いてみるよう促します。これは繰り返していくと抵抗なく，ほとんどの生徒ができるようになります。

弾くことができたら，「今弾いた旋律，ラララ…で歌えますか？」と声を
かけてみんなで歌ってみます。ほとんどの場合，生徒は歌えますので，「鍵
盤楽器で弾けた旋律は，誰かに教えてもらわなくても歌うことができるんだ
ね」などのように声をかけます。

　読譜や楽器演奏に苦手意識のある生徒の場合，初めて出会った旋律を歌う
ためには，先生や音楽の得意な友達，または何らかの音源などを頼りに，そ
の旋律を教えてもらわなければ歌えない，と思い込んでいる場合があります。
まずは，簡単な活動によって，そのような思い込みから解放していくことが
大切です。

### ❷曲の一部を弾いてみる

　私自身がかつて経験したように，生徒も，跳躍の幅が大きいところや臨時
記号が付いたところ，また，他のパート（特に主旋律）と旋律の動き（上行
や下行の仕方）が異なるところなどは，音程が取りにくくなります。そこで，
そのような部分を取り上げ，その部分のみ鍵盤楽器で弾いてみるよう促しま
す。

　多少リズムが難しかったり調号や臨時記号があったりしても，❶のような
活動の経験があれば，歌う活動を通して何度か耳にしている旋律ですので，
それほど抵抗感がなく弾くことができます。そして，パートごと，または全
員で合わせて弾いてから，再度歌ってみます。おそらく弾く前より音程が取
りやすくなっていることに，生徒自身が気付くと思います。

### ❸鍵盤楽器の合奏から合唱につなげる

　これは，❷の応用です。❶や❷の活動にある程度慣れてくると，4声のカ
デンツやリズムが複雑ではなくハーモニーの移り変わりを味わうような短め
の合唱曲であれば，鍵盤楽器で各自が弾き，全員で合奏してから歌う活動に
つなげていく，ということもできます。この場合，生徒は弾きながら自分の
パートの音のつながり方を捉えるだけにとどまらず，その後の合奏でハーモ
ニーも感じ取ることができ，テクスチュアの知覚，感受を促すことにもつな
がります。

（臼井　学）

歌唱

## ⑤歌唱　全学年

# 旋律を
# 線で捉えよう

**関連する主な音楽を形づくっている要素：旋律**

　以前合唱の授業をしていたとき，ある男子生徒が「この部分，どうしても
つられてしまう〜！」と悩んでいました。聞けば，主旋律を歌ってしまうと
のこと。合唱ではよくあることですよね。次の音が今の音より上がるのか下
がるのかを理解するだけでも，迷いは少なくなるはずです。

　そのためには，短時間の継続的な活動によって旋律を線として見る“く
せ”を付けておきたいと考えています。

### ❶旋律の動きを捉える

　新しい合唱曲に取り組むとき，楽譜を読むのが苦手な生徒が，楽譜を見て
いるようで実は歌詞だけを見て，覚えやすい主旋律を歌っているということ
があります。そこで，自分が担当するパートの旋律を，蛍光ペンでなぞる活
動を継続的に取り入れてみてはどうでしょうか（次は，堀徹作詞・大澤徹訓
作曲「Let's Search For Tomorrow」の例）。

　自分がどの旋律を歌っているのかが分からないまま歌っていては，なかな
か音程をつかむことはできません。まずは自分が歌う旋律の動きを視覚的に
捉え，旋律を音のつながりとして見るということに慣れることから始めます。
1年の頃から旋律の動きを捉えることに慣れておくと，自然と楽譜を見て歌
うようになります。

範唱を聴く際も，自分がなぞった旋律を見ながら聴くよう促しています。歌唱の授業で繰り返し行うことによって，旋律の動きに合わせて，手を上下させたり，伸ばしてみたりという動きが加わり，旋律の上行や下行，また音価の違いなどを感じながら歌う生徒も出てきます。

### ❷旋律以外にも気が付くように！

　❶の活動を行い，楽譜を見る"くせ"が付いてくると，楽譜に書かれている強弱記号や速度記号などにも目がとまるようになります。今まで見えていなかったものがどんどん見えてくるようです。

　途中から練習する際も「〇小節目からやります」といった具合に，歌詞ではなく，楽譜中心に練習が進んでいく様子も見られます。

そうなると，強弱記号や速度記号などにも蛍光ペンで印を付ける生徒が出てきたり，音楽用語の意味を記入したりする生徒が増え，自然と記号と意味の理解にもつながります（右上は仲里幸広作詞・作曲／白石哲也編曲「HEIWAの鐘」の例）。

　また，曲想と音楽の構造や歌詞の内容との関わりを理解する際も，楽譜を見ることが"くせ"になっていると，共有しやすくなるほか，別の曲の学習のときも楽譜と歌詞を関わらせて見る生徒が増えてきます。

　旋律をなぞるというほんの少しの手立てを継続することが，自分が歌う旋律の動きを捉えることにとどまるだけでなく，音楽記号の理解や音楽を感じて歌うことにまでつながる可能性があります。続けることで，段々楽譜と生徒の距離が縮まります。いずれは旋律をなぞることをしなくても楽譜を見る力が付くといいなぁと思います。

（鏡　千佳子）

# 階名で
# 歌おう

**関連する主な音楽を形づくっている要素：旋律,テクスチュア**

　授業の中で階名唱，つまり移動ド唱法で歌う活動は行っていますか。中学校学習指導要領（平成29年告示）解説　音楽編の中でも次のように記されています。

> 　移動ド唱法を用いて，楽譜を見て音高などを適切に歌う活動を通じて，相対的な音程感覚を育てるだけではなく，歌唱における読譜力を伸ばすとともに，音と音とのつながり方を捉えて，フレーズなどを意識して表現を工夫する力を養うこともできる

　限られた授業時数でそういった活動時間を確保できないのが実情ですが，相対的な音程感覚を育むことは，これからの人生において音楽を生涯の友としていくためにも，とても大切です。そう考えると，小学校からの学習の積み重ねの上に，中学校でもできることをと思っています。

**❶校歌や愛唱歌を階名唱で覚えよう！　歌おう！**

　中学校で扱う楽曲において，その都度階名唱で歌うことは現実的ではありません。実際に，どの生徒もスラスラと楽譜を読めるわけではありません。また，中学校で扱われる曲は，特に最近は様々な調性でつくられていたり，転調などもたくさん施されたりしていて，なかなか大変です。そこで，提案です。毎回の授業の始めに歌っているような校歌や愛唱歌はありますか。その曲を階名唱で歌おうという提案です。次は芙龍明子作詞・橋本祥路作曲「夢の世界を」を教材にした例です。

ミソソソ　レソソソ　ド　シ　ミ　　ソ　　ラソファラ　ミミファソ　レミレド　　ソ

それぞれのパートに階名を書き込んだ楽譜を用意しました。生徒に記入させることも可能ですが，譜読みに指導が必要な場合，かえって時間がかかります。

　実際にやってみると，あまり心配することはなく，数回歌うと階名はほぼ覚えて歌えるようになると思います。歌いなじんできたら，旋律の上行下行に合わせて手のひらを上下させながら歌うと，音程感も確かになってきます。

### ❷階名唱を発展させて

　混声三部合唱の響きを充実させるためにも，階名唱を用いてみましょう。下の譜例の部分を，階名で歌い合わせます。□□□の音をフェルマータして伸ばしながら歌い，音程や声のバランスを確かめたり試したりします。Ⅰ度やⅣ度・Ⅴ度の和音を理解する活動に発展させることも可能ですね。

　⬭の音のように，3度（10度）音程で一緒に動く旋律は，階名で歌い合うことで意識が高まります。

　また，この楽譜にはありませんが，声部が呼びかけとこたえとなる関係も分かりやすいと思います。旋律の特徴や，テクスチュアに意識を向けることも可能です。様々な学習活動も考えられそうですね。毎日歌う曲や愛唱歌などを階名唱で歌っていると，階名唱自体に対する抵抗感がなくなることも期待できます。ぜひ取り組んでみてほしい活動です。

（牛越　雅紀）

歌唱

## ⑦歌唱　全学年

# 歌唱で
# 1人1台端末を活用しよう

　音楽科の授業における1人1台端末を含むICTの活用が，学びの充実につながっているかどうかについて，2つの視点から考えることができます。1つは資質・能力別に考えること，もう1つは授業改善の視点別に考えることです（詳細は臼井学編著『中学校音楽　指導スキル大全』明治図書，p.128参照）。ここでは，歌唱における日常的な1人1台端末の活用について，それぞれの視点から考え，常時取り入れることのできる活動を紹介します。

### ❶資質・能力別に考える

（ア）知識及び技能の習得に係る場面で

　歌唱では，知識及び技能の習得の場面での活用が考えられます。とりわけ，音程やリズムなどの習得の場面においては，従前から音取り係や教師がピアノなどで音を示したり，範唱CDを再生したりしながら練習を行ってきました。同じパートで集まり練習するよさはあるものの，練習を進める中で音程やリズムなど個人レベルで不安に感じている部分について，個々が納得いくまで追求することは難しい面もありました。このように個々が抱いた不安や課題について，1人1台端末を用いることで，自分のペースで技能を習得したり，課題を解決したりすることが可能になります。

　例えば，不安に感じる部分について，再生ソフトの音楽データの再生箇所を表示する機能（シークバー）を用いて直感的にスライドさせ，取り出したり，繰り返したりして練習することが可能です。合わせて，再生速度を遅くする機能を使用することで，まずは自分の歌いやすいテンポで練習をすることも容易にできます。さらには，伴奏を再生させながら歌ったり，他パートを再生させ，自分の声を重ねて歌うことでハーモニーを確かめたりするとい

った活動も個人レベルで可能になります。特別な音源や機材を準備しなくても，パートの音取り係や教師がピアノなどで弾いた音を録音し活用するといった使い方も考えられます。

（イ）思考力，判断力，表現力等の育成に係る場面で

　一方，音と視覚情報とを合わせて音楽を捉えることにより，思考力，判断力，表現力等の育成も考えられます。例えば，学習者用デジタル教科書やPDF 形式の楽譜に表現の工夫を書き入れ，録音（録画）・再生機能も使いながら試行・思考を繰り返すことで，思いや意図に迫る姿が期待できます。

　また，音を可視化して捉えることができるサウンドスペクトログラムなどを用いて範唱と自分の声とのグラフを見比べることも，表現の工夫への新たな発見があるかもしれません。

　さらに，録音したものと書き込まれた文字などの情報について，クラウドを介した共有により友達の考えを知ったり，対話を通して吟味したりすることで，表現を広げたり深めたりする一助になることも考えられます。

**❷授業改善の視点として考える〜学びを振り返る場面で〜**

　録音（録画）・再生機能の活用は，自己の声や姿を客観的に捉えることにつながります。生徒たちは，自分の声の方向（口元）に端末を置いておくことで手軽に録音でき，また，すぐに音で振り返ることができることにメリットがあります。また，録音データとクラウドを継続的に活用することで，教師側は，生徒たちの意識に即した課題設定ができるなど指導改善にもつながります。

　中学 3 年間は，大人の声に変化していく時期です。生徒たちの声を学びの足跡の一つとして記録し，今後の学びに生かす「キャリア・パスポート」ならぬ，「声のキャリア・パスポート」を作成することも面白いかもしれません。自らの声を通して学びの積み重ねや表現の広がりや深まりについてはもちろん，自身の変容や成長について音で実感することも大いに期待できます。

（荒井　和之）

歌唱

# 視覚効果で
# 全校音楽集会をつくり上げよう

関連する主な指導事項：Ａ表現(1)歌唱　ウ(ア)

　音楽集会なのにいまいち歌声が飛んでこないなぁ…このような経験，ありませんか。時間の限られた集会の時間をどう進めたらよいか考えて全校の前に立つも，生徒の気持ちが高まらない…歌声の響く，充実した音楽集会を運営することの難しさを感じます。どうしたら顔を上に向けてくれるのだろうか。このようなときに，視覚的な効果を利用して生徒の気持ちを高めていくことは一つの有効な方法です。ここでは，全校音楽集会での常時活動として，巨大ダーツを使った実践を紹介します。

### ❶巨大ダーツ？

　模造紙を貼り合わせてつくったダーツボードをステージ上にセッティングします。全校生徒の人数や集会会場の広さにもよりますが，全校生徒が整列した状況でどの生徒からもよく見えて，さらに「おっ！」と驚きを感じるには，縦5枚，横5枚程度の大きさはインパクトを与えることにつながるのではないでしょうか。演題などを吊るバーに取り付け，巻き上げておきます。

　例えば，年度当初に多くの学校で行うであろう，校歌を全校生徒で初めて歌い合わせる音楽集会です。一回通して校歌を合唱したところで，期待を込めて全校生徒に話しかけます。

　先生「皆さん，ステージ上にあるものを用意しました」

　生徒「えっ？　何なに??（ざわざわ）」

　全校が注目したところで，巻き上げておいたダーツボードの紐を一気に解きます。「ガラガラガラ！」と音を立てて巨大ダーツがステージ上に登場します。「おおっ！」と生徒たちの顔が一気に上がりステージ上のダーツに注目します。姿勢がグッと伸び，笑顔になります。「よしっ！　ダーツに向か

って歌おう！」と声をかけて，校歌を歌い始めます。先生は，ダーツの前に立って指揮をします。下向きだった顔が上がり，歌声がステージに向かって響いていきます。「うわ〜みんなすごいね。声が体育館中に響き渡っているね」と歌声が変化したことを褒めつつも，「でもね〜…真ん中の100点のところにまだ声が集まって来ないんだ。どうしたらよいか近くの人と考えてください」などと問いかけます。「もっと先生（指揮）の方を見てみようかな」「もっと息をしっかり吸って声を勢いよく飛ばそう」など，生徒の中で話が進みます。このように，そのときに必要な技能を主体的に探っていくようになります。ここで，生徒同士が話したことを全体で共有する時間を取ってもよいかと思います。

　もう一度歌います。前奏が始まると，身体を前に乗り出すように構えます。出だしの声の勢いが明らかに違います。顔はダーツの真ん中を見つめ，後方の生徒は，背伸びをしながら歌う生徒もいるでしょう。間奏の途中で，「２番では前のダーツボードを声で揺らしてみましょう！」ともう一声かけるとさらに効果的です。体育館中に歌声の余韻が残ります。

　歌い終わった後，感想を共有します。「体育館中に声が響き渡って気持ちよかったな」「いつもよりも身体をたくさん使って声を出したら気持ちよかった」「次の音楽集会も楽しみだな」そんな感想が交わされます。次回の音楽集会に向けて期待の高まりにつながっていくかもしれません。

**❷視覚で「おっ！」と感じたものをさらに…**

　情景や季節に合わせた視覚的な雰囲気づくりも効果的です。海に関する曲であれば，海の映像や遠くまで続く松林の映像をステージ上に大きく映し出したり，星や夜空に関する曲であれば，理科の先生方に協力してもらって，ステージに豆電球を張り巡らせたりしておくこともよいでしょう。

　このように，視覚的な効果だけでも生徒たちの歌う意欲が高まりますが，こうして高まった気持ちを共有し，さらに創意工夫に必要な技能の習得や活用，思いや意図を膨らませながら表現を高めていく活動へとつなげていきたいですね。

（望月　光祐）

# 複数のパートを同時に
# 音程確認（音取り）しよう

**関連する主な音楽を形づくっている要素：旋律,テクスチュア**

　題材で扱う合唱曲とその曲を使って学習する事柄を生徒と確認し，実際に扱う合唱曲を練習しようとしたとき，必ず行わなければならないのが音程を確認する活動です。皆さんはどのようなやり方でその練習を進めていますか。

## ❶各パートの音程をパートごとに確認する

　最も一般的なやり方です。生徒たちのできない部分を聴き取りながらていねいに音程を確認する方法です。この方法は，生徒一人ひとりを観察したり確認したりすることができ，個に寄り添えるよい練習だと思いますが，次のような課題もあります。

・主に主旋律を担当するパートはスムーズに確認できても，音程の難しいアルトや男声パートは案外時間がかかり，他パートの待ち時間が多くなる。

・一つのパートに関わっている間，待っている間におしゃべりが始まり，「静かにして！」などと先生や友達に注意されてしまう。

・各パートの音程が確認できパート練習を促すものの，生徒だけではうまく歌えず練習が進まなかったり，合唱をしてみるとせっかく確認した音程も不安定になってしまったりする。

　順番が来るまで静かに口を閉じて待っていなさいという授業，せっかく頑張って確認したのに，他パートと合わせて歌うとうまくハーモニーがつくれず達成感のない授業，そんな授業は生徒にとってあまり楽しくないですよね。このような課題を解消するには，次のことを考えてみましょう。

・生徒の待ち時間をできるだけ短くできるように工夫する。

・他のパートの旋律が流れている中で，それに合わせて自分の音程を確認できるようにする。

## ❷複数のパートで音程を確認できるようにする

　始めに，学習形態を工夫します。よく見ら
れるのは（ア）のような形態で，先生と距離
がやや遠いなと感じることがあります。そん
なときは例えば，（イ）のような形態にして，
できるだけ多くの個の生徒の声が聞こえる距
離，生徒にとっては先生の息遣いが聴こえる
ような距離の形態をつくります。この形態の
中で，一番時間がかからない主旋律を最初に
単独で練習します。そのパートには「練習時

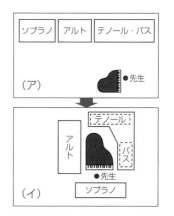

は，常に他のパートにこの曲の主旋律を届けるという使命がある」といった
ような役割を与え，他パートの練習時にも常に歌うようお願いします。

　次に練習するパートは，主旋律と合わせながら音程を確認しますが，重ね
るパートのみガイドピアノを弾き，それに合わせて音程を確認します。この
ようにしてハーモニーを構築しながら音程を確認していくことは，主旋律に
対する自分の音の位置や上行下行などの旋律の動きなどを把握したり楽曲の
雰囲気を感じ取ったりすることにつながっていきます。私自身，「合わせて
歌えた」「最初からハーモニーがつくれた」「自分の音程が分かった（ような
気がする）」といった生徒の言葉から，達成感が味わいやすい練習方法であ
ることを実感しています。

　各パートにガイドピアノができる生徒がいて，全パートで同時に音程確認
できることが理想です。しかし，学校や学級，在籍している生徒数によって
はそこまでできないということも十分に考えられることから，教師一人でも
実践が可能なこの方法を取り入れてみましょう。そして，合唱曲の音程確認
はいつもこの方法でということが定着するとよいですね。

　生徒の待ち時間が短く，さらに，他パートに対する自分の音や旋律の位置
や動き，楽曲の雰囲気などを練習の中で感じ取ることができるこの方法を，
音程確認時の常時的な練習方法としてぜひご活用ください。　　（西澤　真一）

# 何を意識して
# 歌うのかな？

**関連する主な音楽を形づくっている要素：全ての要素**

　合唱が大好きな生徒たち。歌える曲が増えたり，合唱祭やコンクールなどの行事が近付いたりすると，毎回の授業で「合唱をやりたい」という声が聞こえてきます。しかし，授業でやることはたくさんあり，合唱だけを扱うというわけにもいきません。そこで，生徒の気持ちにも応えつつ本時の授業につながるようなことができないだろうかと考えたのが，今回の活動です。

### ❶合唱曲は要素の宝庫

　授業の導入は，基本的にそのときの題材に合わせた活動を考えるのですが，特に意識しているのは，本時で生徒の思考・判断のよりどころとなる主な音楽を形づくっている要素です。例えば，楽器の音色をよりどころとして知覚・感受させたいと考えている場合は，いろいろな音色を聴かせて関心をもたせるなどの活動を取り入れます。そういった導入時の活動を合唱で行う，というのが今回の内容です。

　合唱曲にはたくさんの要素が含まれています。何となく歌わせていると，生徒は何も意識することなく，ただ楽しむだけであったり，ストレス発散になったりするような歌になってしまいます。そこで，合唱曲を歌いつつ音楽を形づくっている要素についても着目できるようにしたいと考えました。

　具体的には，「今日は強弱を意識して歌いましょう」のように，その日の授業でよりどころとしたい要素を，生徒に提示して歌うというやり方です。１年生はまだまだ歌うことに一生懸命で，多くの要素を提示することには無理がありますので，学年の様子に合わせて提示する要素の数などは決めていきます。全校合唱曲や学年合唱曲を扱えば，学年で段々レベルを上げていくこともやりやすいと思います。

生徒は強弱を意識して歌うことで，例えば，「同じフォルテでも歌い方が変わるな」などと感じます。そこで教師は「次は声の出し方（音色）を意識してみましょう」と伝えます。そうすることで，「歌い方を変化させると強弱も変化するな」のような新たな気付きにつながります。

さらに「今度は声部のバランス（テクスチュア）に気を付けてみましょう」と伝えると，「この部分はアルトが主旋律だから，他のパートはそれが引き立つようにきれいに歌いたいな。強弱はどうしよう。声の出し方はどうだろう？」というように，生徒がそれまでに意識した要素同士を関連させながら歌うようになっていきます。その後の授業が歌唱の学習ではない場合も，歌いながら意識した要素は本時の学習で思考・判断のよりどころとなるので，つながりをもって学習を進めることができます。

### ❷費やす時間は長くても10分間

この活動を行うときに気を付けているのは，時間がかかりすぎないようにするという点です。生徒が「もう少し歌いたかったな」と感じるくらいがちょうどよいと思っています。学年によって曲の難易度が異なり，曲の長さもまちまちですが，1回歌うのにおおよそ3〜4分程度と考え，活動は10分以内としています。全体を2回歌うこともあれば，部分的に取り出して歌うこともあります。合唱を歌わせているとどうしても指導したくなってしまい，気付くと時間が経ってしまうという経験はどの教師にもあるのではないでしょうか。活動の目的を見失わないよう気を付けていきましょう。

ちなみに，この活動を行うときには，いわゆる合唱隊形のようにきちんと並んで歌わせるのではなく，ピアノの周りに輪になって歌うなどしています。感染症対策が必要な際は難しいと思いますが，活動時の隊形なども工夫すると効果的です。この活動を通して，生徒が「今日は何の要素を意識して歌うのかな？」と楽しみにしてくれたり，「私たちは今○○の要素に関することが課題だから，クラス合唱の練習のときには気を付けよう」と考えるようになったりすると，歌唱の技能の向上など発展的な学習にもつながります。

（小林　美佳）

# 声部の役割を
# 意識して歌おう

**関連する主な音楽を形づくっている要素：旋律,リズム,テクスチュア**

　混声三部合唱などを教材にした学習で，全員で合わせて歌っているにもかかわらず，他のパートをできるだけ聞かないようにしながら歌っている生徒を目にすることがあります。このように他のパートに耳も心も閉ざして歌っている状態で繰り返し歌ったとしても，生徒に身に付けさせたい力が身に付く学習には発展しないでしょう。かといって教師が「その部分はアルトパートがもっと出して！」「そこはソプラノが消えちゃっているから，テナーがもっと抑えて！」などと必死に指示をして仮に「曲の出来映え」が向上したとしても，時間が経って別の教材に取り組んだときは生徒の「耳も心も閉ざして歌っている状態」が繰り返されることになるのは目に見えています。

**❶マーカーを引く活動を通して声部の役割を考える**

　生徒が音楽と向き合い，音楽の構造を理解しながら主体的に表現を工夫する手段の一つとして，主旋律の部分に色付き蛍光ペンなどでマーカーを引く活動を取り入れる方法があります。

**（ア）曲の一部分を取り出し，主旋律のパートに主旋律マーカーを引く**

　主旋律だと思うパートの楽譜にマーカーで線を引くように伝えます。範唱を聴きながら考える，みんなで歌ってみながら考える，自分たちの演奏を録音したものを聴きながら考えるなど音楽との向き合わせ方は曲の特徴や学年に応じて選択したり組み合わせたりすることができます。曲の全てに線を引くのは時間がかかるため，「Aの部分のはじめの４小節」など気付かせたい曲の構造を踏まえ，短い部分を取り出して指示します。主旋律はオレンジなどと，全学年全学級で統一して決めておくことがオススメです。それまで自分のパートの旋律しか頭になかった生徒も，この活動を通して「ソプラノと

アルトが同じ旋律, テナーは別の旋律だ。どっちにマーカーを引いたらよい
のかな」「自分のパートが主旋律だと思い込んでいたけど, どうやらテナー
が主旋律のようだ」「はじめはソプラノが主旋律だけど, 3小節目からはア
ルトに移っているのでは？」などと生徒が思考していくことも期待できます。
（イ）主旋律以外のパートにもマーカーを引く

　主旋律を意識して歌うことに慣れてきたら,「主旋律じゃないこのパート
はどんな役割なのだろう？」ということにも目を向けていくことが考えられ
ます。「このアルトの旋律はソプラノの主旋律と同じリズム, 違う高さで,
ハーモニーを生み出しているね」と聴き取った場合は「ハモリマーカー
（例：黄色）」,「テナーのこの部分は, ソプラノの主旋律を遅れて追いかける
ように重なっているね」と聴き取った場合は「追っかけマーカー（例：青）」
など, 教材の特性や学習の積み重ね具合によってマーカーのレパートリーを
増やしていくことも考えます。

　この気付きを「ここは自分たちのパートが主旋律なので, しっかり歌うべ
きだよね」「主旋律じゃないのに, 自分たちの声しか聞こえていないから,
少し抑え気味にして主旋律が聞こえるようにすべきだね」などのように, 生
徒が主体的に表現を工夫する活動に発展させていくと意味のある学習となり
ます。

### ❷積み重ねによって「マーカーいらず」が理想

　混声合唱を教材にする学習の場面で, 適宜マーカーを引く活動を取り入れ
ていくことによって, 生徒が「この部分の自分たちの役割はこれだ」と音楽
の構造を主体的に捉えて表現を工夫していくことができるようになることが
理想です。この段階になるとマーカーを引くことは必要なくなります。また,
この活動で身に付けた力は歌唱分野にとどまることなく, 鑑賞領域の学習で
ヴァイオリンの旋律がハーモニーをつくりだしながら重なっていることを聴
き取ったり, 創作分野の学習で2つのパートが追いかけ合いながらぴったり
重ねて終わらせようなど, テクスチュアを工夫しながらリズムアンサンブル
をつくったりすることにもつながることが期待できます。 　　　（山下　敦史）

歌唱

# イメージを絵に描いて
# 表したいイメージを広げよう

　第1学年の歌唱共通教材「赤とんぼ」(三木露風作詞・山田耕筰作曲)。暑い夏が終わり，秋風が爽やかになり，夕焼け空に赤とんぼが飛んでいる季節になると，この曲へのイメージが一層膨らみますね。

　多くの学校で歌われている「赤とんぼ」ですが，曲想表現を深めていくプロセスは様々です。深めていくきっかけとなるのは，曲との出合いの場面で，表したいイメージをどのくらいもつことができたかによって変わってくるのではないでしょうか。

**❶曲と出合い，イメージを絵で表していく**

　題材の導入では，伴奏CDを流しながら，教師がアルトリコーダーでメロディーを吹きます。「どんな感じがした？」と生徒にたずねると，「なんか，田舎の風景が浮かぶなあ」「懐かしい感じがするな」「おばあちゃんの家に行ったときの感じ」というようなつぶやきが聞こえてきます。そして，歌詞を朗読したり，全員で歌ったりして曲全体のイメージをぼんやりともつことができるようにします。

　その後，生徒たちに1人1枚ずつA4サイズの紙を配付します。「この曲の一番の歌詞から思い浮かぶ様子を絵にしてみましょう」と投げかけます。時間は15〜20分くらい取ります。色はつけなくていいですから，鉛筆(シャープペンシル)で描くように促します。

　生徒はとまどいながらも歌詞を見たり，曲を口ずさんだりしながら描き始めます。もちろん，自分だけでは絵のイメージをもつことが難しい生徒もいますので，友達の描く絵を参考にしてもよいこととします。教師は全体を見て回り，一人ひとりの取組を認めたり，どんな情景が浮かんでいるのかたず

ねたりします。生徒たちも，他の生徒がどのような絵を描いているのか気にしながら自分の絵を描き進めます。

　描いた後は，互いの絵を見る時間を取ります。全員の絵を見る時間を取った後，全員の絵を見た感想を近くの人と伝え合ったり，全体で共有したりする時間を取ります。「みんなの絵を見ていたら，とっても温かいような気持ちになってきたな」「懐かしいような，少し切ないような気持ちになってきました」のように，ぼんやりとしていたイメージが少しずつ具体的な映像に変わってきたところで，もう一度全体で「赤とんぼ」を歌う場を設けます。

### ❷イメージを基に，思いや意図をもつ

　歌った後，「最初に歌ったときと変わったことや，もっとこんな感じで歌いたいなという部分はありますか？」と全体に問いかけます。「音と音とがなめらかにつながった感じがします」「（1番の終わりについて）寂しい感じがするから，もっと消えるような感じで歌いたいな」など，出された意見を電子黒板で映し出した楽譜に書き込んでいきます。

　このように意見を共有し，表したいイメージから思いや意図をもつことへとつなげていきます。

### ❸表したいイメージを膨らませるための常時活動として…

　歌唱共通教材は，日本の四季や自然などが美しく描かれている作品が多く，表したいイメージをいかに膨らませることができるかが，曲想表現を工夫したり，深めたりしていくきっかけになると思います。絵や実際の映像を見たり音を聴いたりするなど，実際の風景から感じ取ることが大切です。また，教師が範唱したりリコーダー範奏したりすることも，曲の雰囲気を感じ取るために大切な手立てだと考えます。歌詞を全て「ルルル〜」にして教師が範唱することもよいでしょう。

　このような手立てによって生徒の心がグッと動き，目を閉じるとその世界が思い浮かんでくるようにすることで，思いや意図をもち，その曲のもつ世界に段々浸っていくことにつながっていきます。

（望月　光祐）

歌唱

# ⑬器楽　1年

# リコーダーで
# リレーをしよう

関連する主な指導事項：A表現(2)器楽　イ(イ)

　器楽の学習では，地域や学校などの実情に応じて様々な楽器が用いられていると思いますが，どの楽器を用いる場合であっても音色や奏法，音色と奏法との関わりに着目することはとても大切です。一方，実際の授業の場面では生徒の意識がなかなか音色や奏法に向かず，間違えずに通して演奏できるかどうかに意識が向いてしまいがちな様子も見られます。楽器を演奏する際，間違えずに通して演奏できるということにはもちろん，それなりの価値はありますが，学習指導要領の指導事項にはこれに関わる内容はなく，したがってこれに関わる評価規準もありません。つまり，単に間違えずに通して演奏できるかできないかということは学習評価の対象になっていません。

## ❶生徒が音色や奏法に着目できるような活動を工夫する

　リコーダーは小学校でも用いられていることが多いため，中学校で初めて経験するという生徒は少ないかもしれませんが，器楽の学習として音色や奏法に着目できるようにすることは中学校の学習でも大切です。一方で，小学校での経験から，リコーダーの演奏に苦手意識をもっている生徒がいることも考えられます。そこで，できる限り技能面でのハードルを低くした上で，音色や奏法に着目できるようにする活動を取り入れます。

　例えば，アルトリコーダーで「ミミミー」「ドレミー」（4分音符2つ＋2分音符1つ）など，多くの生徒が抵抗感なく演奏することができるパターンを，メトロノームなどでカウントを取りながらリレーのように一人ひとり順番に演奏しながらつなげていきます。これをやっていくと，息の強さ，音の長さ，タンギングの有無，タンギングの強さなどの違いによって，一人ひとりが少しずつ異なる音色や奏法で演奏したものがつながっていきます。

生徒は自分の順番が近付いてくると緊張して指を動かすなどしながら待っていますが，自分の順番が終わったり，自分の順番になるまでにまだ何人もいたりすると，他者の演奏に耳を傾けています（この場合，「他の人の演奏をきちんと聴いていてくださいね」などと言う必要はありません。生徒は自分事になっているので，思わず聴いてしまいます）。

　聴いていると，生徒は「あれ？」という顔をしたり，「おお！」と感心したり，ニヤッとしたりします。そのような生徒の姿を見つけたら，どうしてそのような反応をしたのか問うてみてください。生徒は音色や奏法に関わることを発言するはずです。このような活動によって，運指やリズムが正しくても音色や奏法の違いによって表現は異なり，感じ取れることも異なることを実感していくことが期待できます。

### ❷創意工夫のきっかけにする

　❶のような活動は，創意工夫の場面でも取り入れることができます。リコーダーの教材は，リコーダーで演奏するためのオリジナルの曲であることもありますが，他の演奏形態や他の楽器で演奏されている曲を教材として用いることも多いと思います。そのような場合，原曲を聴いてその曲に対するイメージをもち，どのように演奏したいのかについて思いや意図をもつという流れで授業をすることが考えられます。しかし，原曲で使われている楽器とリコーダーとでは特性が異なるため，原曲の雰囲気をそのままリコーダーで表現しようとしても無理がある場合も多いと思います。

　そこで，教材曲の旋律の一部を取り上げ，運指やリズムを確認した後，❶のようにその部分をリレーでつなげてみます。そうすると同様に息の強さ，音の長さ，タンギングの有無，タンギングの強さなどの違いによって様々に異なる演奏が出てきます。そこでの気付きを基に様々に試しながら，この曲をどのように表現したいのかを考えていくということもできると思います。リコーダーを用いた器楽の学習を展開する上では，息の強さ，音の長さ，タンギングの仕方の3つが音楽表現に大きく影響することを生徒が実感できるようにすることは，イ(イ)の学習にとって不可欠です。　　　　　　（臼井　　学）

# 今日はどんな
# かえるかな？

**関連する主な音楽を形づくっている要素と指導事項：旋律，A表現(2)器楽ア,イ(ア),ウ(ア)**

　生徒たちにとって，楽器に触れる活動というのは，ワクワクした気持ちを生み出してくれるものだと感じます。器楽の学習で，アルトリコーダーを取り上げるよさは，比較的購入しやすい，音を出しやすい，全員で一斉に音を出しても大音量にならない，持ち運びがしやすいなどが挙げられると思います。アルトリコーダーをはじめて手にしたときの嬉しそうな表情や，はじめて音を出したときの楽しそうな姿，そのワクワク感を持続させたいと願うのですが，器楽は技能差も生まれやすい分野であることも指導する上で心に留めておく必要があります。

　常時活動は，そのような技能差をなくすためにも有効です。50分間を1回で行うより，5分間を10回行う方が効果的な場合もあると感じます。1年の頃から系統的に指導することで，苦手意識をもつ生徒が少なくなります。ここでは，2年における常時活動を紹介します。

### ❶既習題材の学習内容を生かして

　これから紹介する常時活動は，2年で2時間扱いの題材「アーティキュレーションを生かしてオリジナルのかえるを表現しよう」で学んだことを生かして行うことを想定した活動です。簡単に題材の流れをご紹介します。第1時では，教師がアルトリコーダーで2種類の奏法（A：スタッカート奏法，B：レガート奏法）でドイツ民謡「かえるの合唱」を演奏し，「それぞれどんなかえるの様子が思い浮かんだかな？」と発問します。生徒は，「Aは元気な子供のかえるで，Bは穏やかな大人のかえる」「Aはピョンピョン跳びはねるかえるで，Bは優雅に泳いでいるかえる」など，様々なかえるを想像します。「どうしてそう思ったのかな？」と発問すると，「Aは音を短く切っ

ていて，Bは音をつなげて吹いているから」など奏法の違いについての気付きが共有され，「様々なかえるが想像できるのは，音を短く切ったり，なめらかにつなげたりしているからだ」のように，曲想と音楽の構造との関わりについて理解することができます。さっそく，実際にスタッカート奏法とレガート奏法を試し，奏法や身体の使い方などの技能も身に付けていきます。

第2時では，自分で表現したいかえるの様子を決め，スタッカート奏法とレガート奏法を様々に組み合わせながら，「昼寝をしていたら急に大きな足音がしてひっくり返ったかえる」など，表したいかえるの様子に近付けていきます。最後に発表し，聴き合います。

### ❷「かえるの合唱」のよさ

本題材では，身近な「かえるの合唱」という曲が，奏法の違いによって様々なかえるの様子を表現できることに驚きや楽しさを感じる生徒の姿が見られ，進んで演奏したり，友達に「当ててみて」と言って自分の表したいかえるの様子を伝えるために自然と表現を工夫したりする姿が見られます。このように，2種類の奏法で，楽しみながら様々なかえるの様子を表現できるようになった生徒たちが，常時活動として，その日に表したいかえるを表現します。2～3分程度練習した後に，「今日はどんなかえるかな？」とペアで聴き合います。生徒の実態に合わせて，どんなかえるを表現したいのか先に伝えてから演奏するのもよいですし，クイズ形式にしてお互いにどんなかえるかを当て合うのも楽しいです。時々，全体の場で代表生徒が演奏する場面をつくり，どのように奏法を組み合わせてどんなかえるの様子を表現したのかを全体で確認することで，曲想と音楽の構造との関わりについての理解を深めることができます。

この常時活動は，身近で誰もが知っている楽曲なので親しみやすく，様々なかえるの様子を表現するという設定が生徒の想像力を掻き立てたり，工夫する楽しさを広げたりすることにつながるのがよい点です。また，「かえるの合唱」は「ド～ラ」の6音で構成されており，順次進行が多いため，器楽表現への苦手意識をもちにくくするためにも有効です。

（安部　文江）

## ⑮器楽　２・３年

# 手元を見ずに
# 弾けるかな？

　器楽の授業で三味線を扱うとき，課題となることの一つに演奏するための技能が挙げられます。箏は自分の手元を見ながら演奏できるので，比較的すぐに曲を演奏するところまでつなげられます。しかし，三味線は両手で違う動きをするだけでなく，右手と左手を同時に確認することが難しいため，生徒からすると，曲を演奏することのハードルが高いと感じる楽器ではないでしょうか。

　生徒の意欲を高めるという面でも，体験だけで終わらずに，曲の演奏を通して資質・能力を身に付けさせたいものです。そこで，授業の最初の数分を，手元を見ずに演奏するという技能の習得に充ててみてはどうでしょう。

### ❶右手はみんなで一緒に

　まずは，撥を持っている右手の練習です。三味線の３本の糸を自由に弾けるようにしていきます。演奏するのはどちらかというと勘所を押さえる左手の方が難しいので，右手から始めていくとよいでしょう。

　やり方は簡単で，教師が糸の番号をゆっくりと言いながら弾くだけです。一番弾きやすい３の糸を中心に，段々１や２の糸も弾くようにしていきます。四拍子を意識して演奏するとやりやすいです。

　　教師「では，先生の後に続いて弾いてみましょう」

　　教師「３・３・３・はい！」←教師が弾く糸を言いながら一緒に演奏

　　生徒「３・３・３」←できれば口に出して言いながら弾く

　　教師「３・２・１・はい！」

　　生徒「３・２・１」

　このようなやり取りを何度も繰り返していきます。繰り返すことで生徒が

感覚をつかんでいくことができます。

　慣れてきたら，「1・3・2」「3・1・2」など糸を一つ飛ばして演奏する練習を入れていったり，テンポを速くしていったりすると，生徒はゲーム感覚で楽しみながら練習できます。

　また，一斉での練習だけでなく，ペアや少人数グループでの練習を取り入れることも効果的です。教師役を交代で経験するなど，自分たちでやり方を工夫して，技能を高められるようにできるとよいですね。ペアでの練習中に教師が机間指導をして，姿勢や撥の持ち方，撥皮への当て方などをアドバイスすることも考えられます。

### ❷左手は学習内容に合わせて

　左手は勘所の位置の確認や押さえ方など，右手よりも多くの技能を必要とします。教育用の楽器では，勘所の位置がシールなどで示されているものも多いと思いますので，生徒はその位置をある程度，見ながら，確認しながら弾くということが前提になると思われます。

　左手の練習を行うのであれば，演奏する曲で多く使われる音を中心に勘所を押さえながら弾く，という形がよいかと思います。また，あえて「ドレミファソラシド」の音階を練習することも考えられます。どの糸も「0・2・#・4・6・8・♭・10（0は開放弦）」の勘所を押さえると，「ドレミファソラシド（移動ド）」の音階になります。三味線で使う音階ではありませんが，生徒にとってなじみのある音階で練習することで，勘所の位置と鳴る音の感覚をつかみやすくなります。

　この活動は，短時間で効果が得られるというよさがあります。1〜2分程度で十分ですので，授業の中で行うだけでなく授業前の休み時間などに楽器を準備した生徒が，各自でこの活動を行うことも考えられます。生徒の実態に合わせてアレンジできる活動ですので，生徒が楽しみながら技能を高めていけるように工夫していけるとよいでしょう。

（小林　美佳）

器楽

# どのように音を出すのかな？
# どんな音が出るのかな？

**関連する主な音楽を形づくっている要素と指導事項：音色,A表現(2)　器楽イ(ｲ)　ウ(ｱ)**

　器楽の授業において，扱う楽器の選択は重要です。基本的には教科書など
に掲載されている楽器を扱うことが多いと思いますが，限られた授業時数の
中で，器楽分野において生徒に身に付けさせたい資質・能力を，教師が明確
にもつことが大切です。そして，３年間を通して和楽器，弦楽器，管楽器，
打楽器，鍵盤楽器，電子楽器及び世界の諸民族の楽器などの中から計画的に
バランスよく選択します。また，クルト・ザックスによる楽器分類学におけ
る体鳴楽器，弦鳴楽器，膜鳴楽器など，様々な楽器の発音の視点から楽器の
特徴を生徒が理解し，演奏することも重要な視点です。

　生徒には，様々な楽器に触れながら楽器の特徴を生かして「このような音
が出したい」「このような演奏がしたい」などの気持ちをもってもらいたい
ものです。その際，その楽器を生み出した風土，文化や歴史などについて学
習することは，楽器の特徴を捉える上で非常に効果的です。

　器楽分野における常時活動では，まずは「楽器と友達」をキーワードに取
り組みましょう。生徒が楽器と出合う際に，教師がどのような演出をするか。
そんなことも考えてみてはいかがでしょうか。

### ❶楽器の特徴や奏法を理解してから演奏する

　これは，リコーダーやギターなど，生徒がある程度見たことや触ったこと
がある楽器との出合いに有効です。小学校でも扱っている楽器を中学校でも
扱う場合は，小学校で学習したことをていねいに確認します。また，生徒が
楽器に対して苦手意識をもっている場合には，中学校では新たな視点で楽器
を演奏していくことを伝え，安心して学習に取り組むことができるような配
慮も必要です。

楽器の特徴を生かして奏法などを指導する際には，なぜそのように演奏するのかということを常に意識できるようにしましょう。生徒が楽器の特徴と音色や響きと奏法との関わりについて実感を伴って理解し，演奏することにつながります。例えば，リコーダーを演奏する際，「アーティキュレーションの工夫をしましょう」という授業が考えられます。生徒は創意工夫＝強弱の工夫となりがちですが，強弱の表現が苦手なリコーダーの特徴を生かしてアーティキュレーションやタンギングの工夫をすることで，表現の工夫の必要感が生まれます。この活動は一見，教師主導で進んでいるようにも見えますが，生徒がその理由を自ら考え，楽器の特徴を生かして演奏できるよう配慮していけば，やらされ感の少ない意味のある活動になると思います。

**❷楽器の特徴や奏法を生徒自らが考えて演奏する**

　小学校の音楽会で演奏したことのあるようなトライアングル，タンバリン，シンバル，大太鼓，小太鼓などを示し，「この楽器の音の出し方，分かる？」「どんな音がするか知っている？」などと問いかけます。「そんなの知っているよ」「分かっているよ」という雰囲気の中で，生徒数人に順番に音を出してみるように促し，みんなで聴いてみると，意外と音色が人によって異なることに気付きます。

　そして，「ＡさんとＢさんでは同じようにやっているように見えたけれど，何が違うのかな？」「ＡさんとＢさんの出した音，あなたはどちらの音が，この楽器らしい音（音色）に近いと思いますか？」などと問いかけながら，奏法と音色との関係に意識を向けて，楽器の特徴や奏法について生徒自ら考えていくような活動は，常時活動として取り入れやすいと思います。

　例えば，篠笛のような初めて出合う楽器の場合は，どのようにすれば音が出るのかと問うてみましょう。生徒は，縦や横に構えてみたり，歌口や管尻を吹いてみたりと様々に奏法を試します。そして，勘のよい生徒がフルートのように吹いて音が出ると，学級の注目の的になります。みんなで試行錯誤しながら音の出る生徒の真似をして吹いてみます（なかなか音は出ませんが…それも篠笛の魅力ですね）。

（佐藤　太一）

器楽

# ギターのチューニング，
# できるかな？

関連する主な指導事項：Ａ表現(2)器楽　イ(イ)

　クラシックギターは気温が上がると音程が上がり，気温が下がると音程が下がると言われるほどデリケートな面をもつ楽器です。器楽でギターを扱う際には，事前にギターのボディーやネック，ペグなどの破損はないか，弦の状態はよいかなどを確認しながらチューニングをし，できる限り状態のよい楽器で活動できるようにすることが大切です。

　しかし，毎時間，教師がクラスの人数分のギターをチューニングしていたのでは，時間的にも苦しいものがあります。そこで，題材の導入の授業で，奏法とともにチューニングの方法も教えながら，チューニングを常時活動として位置付けてみてはどうでしょうか。

　まずは教科書を基にギターの各部の名称や姿勢・構え方，奏法について説明し，実際に弦を弾いて音を出すよう促します。はじめはいろいろ音を自由に鳴

| | | | | | |
|---|---|---|---|---|---|
| 第1弦　E（ミ） | | | | | |
| 第2弦　B（シ） | | | | | |
| 第3弦　G（ソ） | | | | | |
| 第4弦　D（レ） | | | | | |
| 第5弦　A（ラ） | | | | | |
| 第6弦　E（ミ） | | | | | |

らさせます。その後，全員で第６弦の弦を弾くように指示します。そうするとチューニングされていないギターからは，いろいろな音が聴こえてきます。

　そこで，ギターは弦をチューニングしてからではないときちんとした音にならないことを実感させます（ここでピアノの調律や，箏，ヴァイオリンなど他の弦楽器の調弦について触れることも考えられます）。

常時活動としてのチューニング例は，次のとおりです。

○学習形態…ペア学習

○用意する物…キーボード（メトロノーム機能があるキーボード）

○手順

① 生徒は，ペアで向き合います。

② 教師は，キーボードのメトロノームで「♩＝60」の拍を鳴らしながら，「E→A→D→G→B→E」の順番に弾きます。

③ ギターを持っている生徒は，メトロノームの拍に合わせて教師がキーボードで弾く「E→A→D→G→B→E」と一緒にギターの弦を弾きます。

④ ギターを持たない生徒は，相手が弾いたギターの音とキーボードの音が合っているかどうかを聴き分けて音が高いか低いかを判断し，アドバイスします。

⑤ アドバイスを生かして，ペグを調節し音程を整えていきます。

⑥ ①〜⑤を２〜３回繰り返します。

⑦ ギターを持つ生徒を交代して①〜⑤を繰り返します。

この活動を授業の導入時に位置付けることにより，弦楽器の開放弦について理解したり，音程が合っているかどうか，音程が高いのか低いのかなど，いろいろと考えてペグで音程を調節したりすることができるようになります。

さらに，１年生から３年生にかけて継続してギターを扱うことで，右の図のような音のポジションを参考に，第６弦の音を合わせたら，全ての弦をチューニングできるようになる生徒もいます。

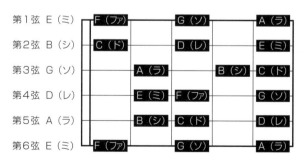

第1弦 E（ミ）　F（ファ）　G（ソ）　A（ラ）
第2弦 B（シ）　C（ド）　D（レ）　E（ミ）
第3弦 G（ソ）　A（ラ）　B（シ）　C（ド）
第4弦 D（レ）　E（ミ）　F（ファ）　G（ソ）
第5弦 A（ラ）　B（シ）　C（ド）　D（レ）
第6弦 E（ミ）　F（ファ）　G（ソ）　A（ラ）

（五月女　穣）

# コードチェンジ，
# うまくできるかな？

関連する主な指導事項：A表現(2)器楽　イ(イ)

　器楽をギターで学習する際，「曲想と音楽の構造との関わりをもとに，曲にふさわしいリズムを創意工夫し，ストローク奏法で弾き語りをしよう」のような，コードを押さえて弾く学習活動が考えられます。

　コードは，「ダイヤグラム」という運指表で表すことが一般的です。生徒は，まずは教科書に載っている「コードの押さえ方」のイラストや「ダイヤグラム」，デジタル教科書や YouTube の動画などを参考にしながら，一つのコードを押さえて音を鳴らすところから始めることが考えられます。

　教科書などに載っている教材曲では，3〜4種類程度のコードを使って伴奏できるように編曲されている曲もあるので，一つずつ確

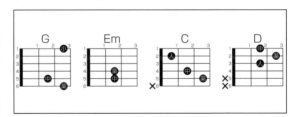

認しながら，右上の図のようなコードの押さえ方を身に付けていくという流れで授業を行うことが多いのではないでしょうか。その場合，ペアで協力して，ギターを弾くときの姿勢や構え方，左手の押さえ方などに気を付けながら一つひとつのコードを押さえて音を鳴らしてギターの音色や音程などを調整していくと，徐々に弾けるようになります。

　ギターの教則本などを読むと，まずはそれぞれのコードの指の押さえる場所を覚えることから始め，段々複数のコードをつなげて弾けるようにする，という流れで説明されていることがあります。その流れを，授業の中で常時活動的に行う方法をご紹介します。

○学習形態…ペア学習

○用意する物…キーボード（メトロノーム機能のあるもの），タブレット（デジタル教科書），モニター，コードのカード（生徒の実態に合わせて，タブレットを活用したり，指を押さえる場所をモニターやカードで提示したりすると便利です）

○手順

① 生徒は，ペアで向き合います。

② 教師は，メトロノームで，「4分の4拍子　♩＝60」の拍またはリズムを鳴らします。

③ 生徒は，拍やリズムに合わせて1小節（4秒）ごとにコードをつないで弾きます。はじめは，1拍（1秒）目で弾き，3拍（3秒）で次のコードの準備をするように弾きます。慣れてきたら，準備の拍（秒）を短くしていきます。

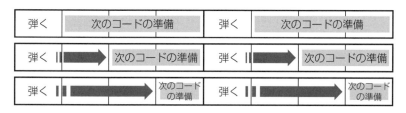

【例】・「G→D→G→D…」と1小節ごとにコードを変え，つなげながら反復練習をします。

　　　・さらに，「D→Em」「Em→C」「G→D→Em→C」など生徒の学習状況によって，つなげるコードを変えて弾きます。

④ペアで教え合いながら交互に弾いて，練習をしていきます。


　この常時活動の際，黒板にコードのカードを貼り，拍に合わせながら指示棒で示しながら行うと，生徒にとっては分かりやすいようです。

（五月女　穣）

# ビートにチャレンジ！
# つくって楽しもう

関連する主な音楽を形づくっている要素：リズム,テクスチュア

　ひと昔前，合唱の授業で活用できる鍵盤楽器と言えば，ピアノやオルガン，時には鍵盤ハーモニカなどで，それらを弾きながら音を確かめて歌っていました。その後，教育用のキーボードが登場し，いろいろな音色を楽しんだり，機種によってはリズムやビートに合わせて演奏したりすることができるようになりました。最近ではCDでパート別の練習音源に合わせて練習したり，1人1台端末を活用して歌ったりしています。時代はどんどん変わりますね。

　さて，教室に何台かあるであろう，キーボードを活用した常時活動を紹介します。それに内蔵されている機能を使った，「ビートにチャレンジ！」です。キーボードには，複数の音色が搭載されています。それ以外にも，多くのリズム・パターンや自動伴奏，多くの曲も入っています。これらの機能を活用します。

## ❶「内蔵ソング」を使って

　キーボードには，誰もが知っている曲（世界の名曲，愛唱歌，童謡など）が入っていますよね。これを流します。小学生の頃に歌った歌などを流すと，「ああ，懐かしい〜！」と歌い出したり，リズムをとったりし始めます。これも音楽のもつ力ですね。懐かしい曲ほど効果的です。そして，「音楽に合う手拍子やリズムをつくってみましょう」と促します。

　多くの生徒は，「後打ち」をします。足踏みを入れている生徒やちょっと変わったリズムを打っている生徒を見つけて紹介し，真似してリズムを打ってみるよう促します。正しくリズムを打つことが目的ではないので，1，2度で曲を変えます（失敗例！　アメリカ民謡「アルプス一万尺」を流したら，手遊びが始まってしまい，違う方向にクラス中が盛り上がってしまいました

…！）。

## ❷ 「内蔵リズム」を使って

　キーボードのメーカーや機種によって呼び名が違いますが，様々なリズム・パターン（マーチやワルツ，8ビートや16ビートなど）や，スタイル（ポップスやロック，ジャズ・スイングや，サンバ，ボサノバなど）が搭載されています。今度は，この内蔵リズムを流します。そして，「この音楽に合う手拍子やリズムをつくってみましょう」と促します。旋律や伴奏などが流れないため，リズムの特徴に注目しやすいと思います。リズムは繰り返されますので，しばらくかけていると，誰かしら動きをつくりだします。

（ア）音楽の特徴を聴き取る（感じ取る）耳を育てる

　身の回りには無数の音楽が溢れていますが，もしかしたら注意深く聴くことは意外とできていないかもしれません。今回はリズムですが，音楽の特徴を聴き取る（または感じ取る）習慣を身に付けることはとても大事です。わずかな時間でできますので，まずはいろいろ試してみましょう。「リズムを口ずさんでみましょう」という声かけも結構有効です。「ドン・ドン・カ・コ・ドン・カ・カ・コ」など，リズム打ちのヒントになります。

（イ）グループでリズムを分担し，表現をする

　特徴がつかめたら，グループになって分担して打ってみます。Aさんは拍打ち，Bさんは裏拍打ちなどです。察しのよい先生方はもう気付きましたね。これを発展させると，ボディパーカッションにも展開できます。

　身体一つでできるのが，この活動の一番の特徴です。何か道具を用意したり学習カードを用意したりというとなかなか面倒ですが，「聞いて・感じて・試して・動いて，そしてみんなで楽しもう！」そんな活動です。わずかな時間や，器楽曲や合唱曲など表現活動の導入にも使えると思います。カスタネットやマラカス，シェーカーやウッドブロックなどをさりげなく加えるとさらに楽しくなりますね。

（牛越　雅紀）

器楽

# 器楽で
# 1人1台端末を活用しよう

**関連する主な指導事項：A表現(2)器楽　イ(イ)　ウ(ア)**

　中学校での器楽の学習では，アルトリコーダーやギター，箏などの楽器を扱うことが多いと思います。いずれの楽器を用いた学習においても，日常の授業において，常時継続的に1人1台端末の活用を取り入れることができます。ここでは，資質・能力の育成を視点とした活用（詳細は臼井学編著『中学校音楽　指導スキル大全』明治図書，p.128参照）について，練習用のデジタル音楽教材や教科書に対応したデジタルコンテンツなどの専用のアプリケーションを用いた活動と，端末の標準の機能を用いた活動の2面から考えたいと思います。

### ❶技能の習得に使用する（専用のアプリケーションを利用）

　アルトリコーダーを用いたリコーダーアンサンブル曲を教材とした学習の例です。専用のアプリケーションでは，楽譜や運指が音と連動して表示されます。

　まず，個人の練習場面では，端末で参考演奏や模範演奏を繰り返し聴き，曲の雰囲気をつかみます。次に，曲をリコーダーで演奏できるようになるために，運指を確認しながら学習を進めます。♯や♭を用いた音やサミングを使用する音の運指に苦手意識のある生徒は，画面に表示されている運指を参考に音を出して確認します。合わせて，端末から流れる音を確認しながら，テンポを遅くしたり，不安な運指のある部分を繰り返したりしながら練習することで，スムーズに演奏できるようになることが期待できます。

また，アンサンブルの場面では，音と連動して表示される楽譜を意識することで，他パートとの重なりや相違点に気付き，自分のパートの役割を認識した演奏が可能です。合わせて，メトロノーム機能を使用し，基準となるテンポに合わせながら練習することも可能です。もちろん，端末の機能を用いて演奏をクラウドなどに記録しておき，技能の習得の確認をしたり，表現の工夫を確認したりすることも考えられます。

## ❷技能の習得に使用する（端末の機能を利用）

　端末の機能などの活用についてです。箏の授業では，演奏に必要な技能の習得の際に例えば，文化庁デジタルライブラリー（https://www2.ntj.jac.go.jp/dglib/）などの動画を参考に学習を進めることも可能です。動画の解説などから情報を得たり，奏法や構え方を真似したりしながら，演奏できるように学習を進めます。他にも動画共有サイトに掲載されているコンテンツを活用することも有効です（その内容については，あらかじめ把握することが必要な場合もあります）。

　また，演奏の様子を端末の機能を用いて友達に録画してもらい，奏法や構え方について映像と音で確認し，振り返ることで，参考動画（お手本）と自分の演奏との差異から改善点を見いだすことにもつながります。さらに，音色に着目することで，自分なりのよい音を追求する一助にもなります。

　「真似る」ことは「学ぶ」こととよく言われますが，特に技能の習得場面では，その要素が色濃いものと考えられます。動画や音を参考にしながら，楽器に触れ音を出し，自分のペースで学習を進めることができる環境は，上達への近道であり，「できた」「分かった」という自己の課題を解決する姿につながることも大いに期待できます。

（荒井　和之）

器楽

# 拍の流れに
# 乗れるかな？

**関連する主な音楽を形づくっている要素：リズム,旋律**

　器楽分野の授業を展開するためには，楽器の奏法などを習得する必要があります。授業内容によって習得させたい技能には様々なものがあり得ますが，技能習得に当たって大切にしたいことの一つに，拍の流れに乗るということがあると思っています。表現領域において拍のある音楽を教材にする場合，拍の流れに乗って演奏する技能や，ペアやグループ，全体で拍の流れを他者と共通認識して演奏する技能はとても重要です。

　そこで教師は，拍の流れに意識が向けられるような活動を取り入れながら，必要感をもって，拍の流れに乗って演奏する技能を身に付けられるようにしたいものです。そこで，箏曲「さくらさくら」を教材とした題材「箏の音色や奏法による音色の変化を感じ取り，楽器の特徴を理解して演奏しよう（1年)」の授業例を基に，拍に意識が向けられる活動をご紹介します。

　次は，拍の流れに乗って演奏するための常時活動例です。
○学習形態…ペア学習
○用意する物…キーボード（メトロノーム機能があるキーボード）
○常時活動
　①　授業の導入時に，メトロノームに合わせて演奏をし，前時までの学習を振り返り，自分の課題を把握する。
　②　追究場面での演奏も，メトロノームを使用することを基本として，できていることとできていないことを明確にする。
　③　授業の振り返りにおいても，メトロノームに合わせて演奏し，気付いた課題をどのように改善していくかについてまとめる。

| | 常時活動内容 | 教師の支援 |
|---|---|---|
| 導入 | 常時活動①<br>　メトロノームに合わせて演奏し，前時まで学習したことを振り返り，何ができていて何ができていないのかを把握する。 | メトロノーム機能を使い，拍の流れを意識できるよう声かけをする。 |
| 展開 | ねらい<br>　箏の音色や奏法を生かして，後奏部分をどのように演奏するかについて思いや意図をもつことができる。 | |
| | 常時活動②<br>　後奏部分をメトロノームに合わせて演奏し，表したいイメージに近付いているか把握をする。<br><br>※生徒の学習状況によっては，複数回行うことも考えられる。 | 演奏後にアドバイスできるように，どのようなイメージにしたいかペアで共有できるようにする。<br>　自分の気付きやアドバイスをワークシートや楽譜に記入するように助言する。 |
| 終末 | 常時活動③<br>　メトロノームに合わせて演奏し，本時のねらいが達成できているか，表したいイメージに近付けるために改善したいところなどを把握する。 | 本時のねらいや題材のねらいと照らし合わせて，自分の学習状況を把握できるように，また，次時への課題をもち，見通しがもてるように助言する。 |

　この場合，演奏するときには，一斉にメトロノームに合わせ，拍の流れを共有できるようにします。

　生徒がメトロノームに合わせて演奏することで，うまく旋律がつながらない部分や創意工夫した奏法ができていない部分などに着目できるようにし，何ができていて何ができていないのかなど具体的に課題を見いだせるようにします。こうすることにより，課題解決に向けて見通しをもって主体的に学習することにつながっていくと思います。

（五月女　穣）

# 身の回りの音を探そう

♪　4分33秒（ジョン・ケージ作曲）　教師の生演奏

最初は，「何が始まるのか？」と静かにしています。あまり意識しなかった鳥のさえずりや自動車の通る音など様々な音や音楽が聴こえてきます（音楽室環境によって，様々な音楽が展開されるのは面白いですね）。そのうち，「何が始まった？」とばかりに，生徒がざわつき始めます。演奏終了後，「最初は自然の音，後半は人の声などが入って，素晴らしい構成の音楽でしたね」など，音楽のよさを生徒と共有するとより一層盛り上がります（笑）。このようにして，日常生活に存在する音や音楽の全てが音楽であるという考え方について共有します。

音楽の授業を通して，様々な音や音楽に対して敏感に反応する（できる）生徒を育てることはとても大切です。これは，音楽的な見方・考え方を働かせる際にとても重要な視点になります。ここでは，創作で用いる音素材について考えていきます。音素材とは，声や楽器の音のほか，自然界や日常生活の中で聴くことのできる様々な音が含まれます。楽器の場合は材質，形状，発音原理，奏法などから様々に分類され，それぞれ特徴のある音をもっています。

## ❶サウンドスケープ　音の風景を感じ取る

サウンドスケープとは，音の風景のことです。ICT 機器などの録音機能を活用して学校中の様々な音や音楽を見つけ，発表し合う活動を，常時活動として位置付けてみてはいかがでしょうか。それぞれが採取した学校内の音について，「これはどこの何の音でしょうか？」などと問いながらグループ内で共有し，確認します。また，さらに範囲を広げて，地域の音などを互い

に発表し合ってもよいでしょう。この活動により，普段何気なく聴いている音や音楽に対して敏感に反応できるようになり，生徒自身が音や音楽と共存していることを実感できるかもしれません。例えば，採取した音を反復・変化させたり，様々な音の重ね方を試行錯誤したりするなどして，「学校の風景」という音楽を，表したいイメージと関わらせながら構成を工夫してつくるなどの学習につなげることが考えられます。

### ❷音素材の特徴を感じ取り，音楽づくりに生かす

　音素材の特徴は，音楽を形づくっている要素のうち，音色との関わりが深く，例えば，木，金属，皮などの素材の違いにより，そこから生まれる楽器の音の特徴が異なってきます。❶のような活動を継続的に行っていると，音素材の音色に対する知覚・感受が豊かになっていきます。

　中学校の学習活動での問題点として楽器不足があります。しかも，感染症対策が必要な場合においては，楽器やマレットの共有が難しいこともあり，1人1台で活用できる楽器が注目されています。例えば，ICT機器の楽器の音色を様々に試すことができるアプリなどを用いて，同じ旋律でも楽器の音色の違いによる感じ方の違いや，自分の身体を楽器とするボディパーカッションで，身体の部位や叩き方による音色の違いを知覚・感受して，音楽づくりに生かしていくことなどが考えられます。

　教室でも手軽にすぐにできる音楽づくりの学習をご紹介しましょう。1人1台の机と椅子を叩いて，何種類の音が出せるか確認します。さらに，手作りのマレットを使うと，机の天板や椅子の座面，机の天板の側面や天板を支える金属の部分など，10種類以上の音素材を見つけられます。生徒の実態に合わせて，例えば，「天気の移り変わりの様子」「動物の群れが向こうから近付いてきて，目の前を通り過ぎる様子」を表すなど，反復・変化を用いて構成を工夫して音楽をつくっていきます。このような活動を積み重ねることによって，生徒が音や音楽に関して敏感に反応できるようになり，中学校卒業後の人生においても，音や音楽と主体的に関わることができるようになるのではないかと思っています。

（佐藤　太一）

創作

# 音のつながり方は
# ２種類しかない？

**関連する主な音楽を形づくっている要素と指導事項：旋律，A表現(3)創作　イ(ア)**

　音階に基づいてつくられた旋律の場合，音高が変化する音のつながり方には，順次進行と跳躍進行の２種類しかありません。ここでは，それぞれの定義について次のように考えることとします。

・順次進行…隣の音につながる音のつながり方
・跳躍進行…隣の音以外につながる音のつながり方

### ❶順次進行と跳躍進行の特徴を理解する

　順次進行と跳躍進行について，実際にピアノで弾いた旋律などを確認しながら，生徒が知覚・感受したことを次の表のようにまとめて共有します。

| 進行の種類 | 順次進行 | | 跳躍進行 | |
|---|---|---|---|---|
| 旋律の特徴 | 隣の音につながる | | 隣の音以外につながる | |
| どのような感じ | ・なめらか<br>・流れる<br>・おだやか<br>・心が安らぐ | | ・はっきりしている<br>・あざやか<br>・緊張感がある<br>・音楽の流れが変わる<br>・ダイナミック<br>・元気な感じ | |
| 音楽的な効果は | 上行形 | 下行形 | 上行形 | 下行形 |
| | ・気持ちが高ぶっていく<br>・旋律が段々と盛り上がっていく | ・落ち着いていく<br>・段々と終わりに向かう | ・始まる感じ<br>・期待感<br>・ウキウキする<br>・希望に向かう | ・終わる感じ<br>・テンションが一気に下がる |

　この表は，常時活動として鍵盤楽器のアプリやキーボードなどで「今日はドレミ」「次時はドミソ」「その次の時間はミレド」など，様々な音のつながり方を試しながら，授業を重ねるごとに徐々に加筆，修正しながら充実した内容にしていけるとよいでしょう。また，例えば，ハ長調の音階などを用い

て確認する場合，鍵盤楽器を用いることは，白鍵の隣の音との関係や隣以外の音との関係を視覚的に捉えやすくなるという点でとても有効です。

**❷音のつながり方を工夫して旋律をつくり，他分野とも関連させる**

❶のような活動は，順次進行と跳躍進行についての特徴の理解につながるため，旋律創作の学習に直接的に生かすことができます。まずは４小節くらいの旋律づくりから始めましょう。ここで重要なのは，生徒の実態に応じて課題や条件を設定することです。例えば，順次進行と跳躍進行を使い，
・ハ長調，４分の４拍子，４分音（休）符，８分音（休）符を使ってつくる。
・Ｃ→Ｆ→Ｇ→Ｃのコード進行に合わせてつくる。
・１小節目と２小節目のリズムを反復し，３小節目からは変化させてつくる。
・旋律の山場を考えてつくる。
などが考えられます。次は，順次進行と跳躍進行を使った旋律とこの旋律に対する思いや意図の例です。

〈工夫したところ〉（思いや意図）

「最初は元気な感じの旋律にしたかったので，１・２小節目を跳躍進行にして音の高さも少しずつ高くなるようにしました。３小節目は順次進行でなめらかな旋律にし，一番高い音を使って旋律の山場になるようにしました。４小節目も順次進行で落ち着いた感じで終わるようにしました」

前ページの表はとても便利で，常時活動としてどの領域・分野においても活用できます。例えば，順次進行で高い音に向かって旋律が上行しているような旋律を歌うときには，「ここの部分は，歌詞の発音をなめらかにつなげて，段々と盛り上げて曲の山場をつくれるように歌おう」など作曲者の表現意図に思いを馳せつつ，創意工夫し，自分の思いや意図をもって歌ったり演奏したりする活動につなげることができます。 （佐藤　太一）

# どんな旋律に
# なるのかな？

　創作分野の学習では，いわゆる「旋律づくり」の活動を行うことがあります。旋律とは，どのような意味でしょうか。中学校学習指導要領（平成29年告示）解説　音楽編では，旋律について，次のように解説しています。

> 　旋律とは，種々の音高と音価をもった音を音楽的な表現意図のもとに連ねてできた音の線的つながりである（後略）

　したがって，旋律づくりでは，音と音とがどのようにつながっているのか，つまり音のつながり方がどのようになっているのか，また，そのことによって，どのような雰囲気などが生み出されているのかということを考えながら学習活動を展開していくことが大切になります。しかし，音楽活動の経験が少ない生徒にとっては，自分の記憶の中にある旋律のパターンが少ないことが考えられます。このような生徒にとっては，音のつながり方とそこから生み出される雰囲気の関係がなかなかイメージできないと思います。そこで，生徒がより多くの旋律のパターンを経験できる活動を紹介します。

### ❶偶然から生まれるものを大切にする

　GIGAスクール構想による1人1台端末の整備が進んだことにより，旋律づくりの活動では，楽譜作成ソフトなどを利用して音符を入力して音を再生するという活動が一般的になりつつあります。そのことによって，5線譜に自分で音符を書き入れ，自分で楽器を用いて音として再生するという活動に比べ，画面上の5線譜上に音符を置き，音として再生するという活動は音楽活動の経験が少ない生徒であっても，ずいぶん抵抗感の少ない活動だと思います。そこで，次のような活動をしてみてはどうでしょうか。

・4分の4拍子で，1小節に4分音符3つと最後に4分休符を，思いつくまま（言い換えれば，適当に）入れる。
・音符と休符を入れたら，学級全体で，またはグループで，順番に再生して聴き合う。

このような活動をすると，ある程度，音楽活動の経験がある生徒や慎重な性格の生徒は，「ドレミ♩」や「ソソソ♩」など，順次進行を基本としたものや，同じ音高を連続させたものにするかもしれません。一方，「ドソシ♩」「ファレラ♩」など，様々なパターンも出てきます。これらを順番に再生して聴き合うと，それぞれに対して生徒は様々な反応をします。納得するようにうなずいたり，首を傾げたり，面白がってにこにこしたり，感心したり…。これらのような反応が起きるのは，生徒が音のつながり方によって生み出された雰囲気を感じ取っている証拠です。

このような活動を継続的に行っていくと，音楽に対する感性を働かせながら，無理なく多くの旋律のパターンを経験することができます。この活動に慣れてきたら，小節数を増やしたり，使用する音符の種類を増やしたりして，経験する旋律のパターンの幅を広げていくことができます。

### ❷音と楽譜をつなげる

❶の活動に慣れてきたら例えば，納得するようにうなずいた旋律のパターンと面白がってにこにこした旋律のパターンの楽譜を，みんなで確認してみます。これを繰り返していると生徒は段々と，自分が感じ取った雰囲気と楽譜上に現れる音のつながり方との間に何らかの関わりがあることに気付いていきます。それは，始まりや終わりの音の音高に関すること，順次進行や跳躍進行に関すること，上行下行に関すること，調性に関することなどです。

これらは，旋律づくりの活動をする際のポイントにつながっていきます。例えば，「同じ音高が続くと安定感があるけれど，それほど面白い感じはしない」「下行は落ち着いた感じになる」などのような，この活動から生徒が自分自身で捉えたものは，旋律づくりの活動で生徒が思いや意図をもつ際の支えになります。

（臼井　学）

創作

## ㉕創作　3年

# 同じジャズアイテムで
# コール＆レスポンスをしよう

**関連する主な音楽を形づくっている要素と指導事項：リズム,旋律　Ａ表現（3）創作　ウ**

　常時活動のよさの一つに，同じ活動を続けることで生徒自身が技能の上達を実感できることが挙げられると思います。これからご紹介する鍵盤ハーモニカを使ってのジャズの常時活動も，スモールステップで技能を身に付けることができ，生徒自身が上達を実感できる活動です。

　ジャズというと，「格好いいけど難しそう」「本当にできるのかな」と思う生徒がほとんどなのですが，この常時活動を行うことで，いつの間にかジャズの即興表現ができるようになっています。最初は，「私には無理…」などと消極的だった生徒が「またやりたい！」と目を輝かせながら言ってくれると，とても嬉しい気持になります。

### ❶事前の準備

　スムーズな常時活動につなげるためには，事前の準備が欠かせません。まず，12小節で一まとまりのブルースのコード進行を使ったピアノ伴奏（右はＣのブルースのコード

| C 7 | C 7 | C 7 | C 7 |
|-----|-----|-----|-----|
| F 7 | F 7 | C 7 | C 7 |
| G 7 | F 7 | C 7 | G 7（C 7） |

進行）を，5分程度繰り返して演奏した音源をつくっておきます。

　次に，ブルーノートスケールがすぐに分かるように，鍵盤ハーモニカにシールを貼っておきます。ここまで整えば，事前の準備はバッチリです。

## ❷スモールステップでみんながスキルアップ！

　器楽に苦手意識のある生徒でも，抵抗なく技能を身に付けられるように，一度に多くの要素を取り入れないことがポイントです。

　1回目はまず，ブルーノートスケールに慣れることを目的とします。事前に用意しておいたブルースのコードを使ったピアノ伴奏の音源を流しながら，次の譜例のように演奏し，生徒に反復するように促します。

　生徒に手元が見えるように演奏することがポイントです。今度は，4分音符で下行させます。何回か繰り返し，慣れてきたところで，2オクターブ上行させたり，下行させたりします。今度は，はじめの音を「C」ではなく「E♭」から始めてみます。次は「F」から…というように，開始の音を変えることでも，表情の違いを楽しむことができます。

　2回目は，スウィングのリズムで演奏することを目的とします。前回同様，ブルースのピアノ伴奏に合わせて，ブルーノートスケールをスウィングのリズムで上行と下行を繰り返し，生徒は模倣します。慣れてきたら，様々な音の組み合わせをスウィングのリズムで演奏します。

　3回目以降は，三連符，シンコペーション，前打音，グリッサンド，トレモロなど，毎回1〜2種類ずつアイテムを増やしていきます。コール＆レスポンスの仕方も，はじめは完全に模倣するようにし，徐々にリズムだけ同様にして音を変えるようにし，最後には自由に返してもよいというように，条件設定も変えていきます。慣れてきたら，コールの部分を生徒が順番にやってみるのもよいでしょう。また，生徒同士でペアをつくってコール＆レスポンスをすることもできます。「教室の席が隣の人」「同じ委員会の人」など，こちらで条件を指定するとペアも固定せず，いろいろな人と関わることができます。他にも工夫次第で多様な活動に広げることができる常時活動です。

（安部　文江）

# リズムや拍，
# とれるかな？

　どの領域・分野の授業においても，リズム・パターンや拍を捉えることは外すことのできない大切なポイントです。歌を歌うにしても楽器を演奏するにしても，リズムが分からなければできないですし，鑑賞でも知覚と感受との関わりについて考える場面でも重要な要素です。中でもリズム・パターンや拍との関わりが深いのが，創作分野の授業ではないでしょうか。

### ❶創作の授業でのリズムや拍の確認

　皆さんの学校では，リズム・パターンや拍を，どのような手立てを講じて捉えられるようにしているでしょうか。私の勤務校では，創作分野の授業の際に，毎回拍子の確認やリズム打ちを行うようにしています。例えば，「4分の3拍子はどういう意味だっけ？」と尋ねてみたり，4分音符や8分音符を組み合わせて並べた楽譜を提示し（次の図），「この楽譜を4分の4拍子になるように（または3拍子になるように）線を引いてみよう」という簡単な問題を出したりして，確認しています。実際に3拍子や4拍子に分けた楽譜でリズム打ちをしてみることで，拍子感の違いなども確認しています。

　数学や英語のように毎日計算をしたり話したりしているのとは異なり，週に一度の音楽の授業，ましてや創作となると，一年間に数時間という限られた時間となることが多いので，その都度確認をしておかないと音楽系の習い事をしている生徒以外は忘れてしまいます。

また，生徒が出した言葉をリズムに変換するといったことも行っています。最初は教師がいくつかの言葉を例に出しリズム打ちをしてみます。「チョコレート」「ブロッコリー」など簡単なリズムから少し複雑なリズムになるように言葉を選び，生徒と手でリズム打ちをした後，音符で表すとどうなるかを確認していきます。

　最初は教師が，徐々に生徒同士で出し合った言葉をリズムに変換するといったことを5分程度で継続的に行うと，記譜の仕方が少しずつ分かってきます（次の図）。

## ❷創作の授業以外でのリズム・パターンや拍の扱いについて

　最初にも述べたように，歌唱や器楽，鑑賞の授業でもリズム・パターンや拍を扱うことがあると思います。歌唱や器楽では実際に演奏につながるので，扱いやすいと思いますが，鑑賞ではどうでしょうか。

　例えば，「会津磐梯山」「ソーラン節」などの拍がある民謡と「南部牛追い歌」「江差追分」などの拍のない民謡を聴き比べる授業では，拍の有無による雰囲気の違いや成り立ちの理解にもつながるので，やはり拍の学習は欠かせません。

　また，「魔王」（F.シューベルト作曲）の授業では，冒頭のピアノ伴奏の三連符のリズムが8分音符になると雰囲気はどう変わるかや，魔王が歌っている部分の伴奏で「タタタ」という三連符が「ンタタ」という休符が入った三連符のリズムになることで，どのような印象になるかなどといった内容で扱ったりもします。拍の有無やリズム・パターンの違いでもたらされる雰囲気の違いは大きいです。歌唱や器楽，鑑賞の授業でリズム・パターンや拍を扱うことは，創作分野の学習にもつながります。

（鏡　千佳子）

# リズムしりとりを
# しよう

関連する主な音楽を形づくっている要素と指導事項：リズム,旋律　A表現(3)創作イ(イ),ウ

　常時活動で，盛り上がるのが，リレー奏やリズムしりとりです。この活動をする際には，可能な場合には円隊形になって行うことをオススメします。学校で音楽ができるよさは，仲間とともに音楽を奏でることができるところです。音楽の授業は仲間がいてくれるからこそ成り立つ授業とも言えますし，仲間とのつながりが強く実感できる教科であると言えるかもしれません。

　この常時活動はリズムの理解，構成の理解，聴く力の向上につながりますが，それだけでなく，仲間とのつながりも実感できます。

### ❶ウォーミングアップ

　まず，次のような10種類のリズムカードを提示し，リズム・パターンを手拍子で練習します。

　この活動をせずに，すぐにリズムしりとりをすることもできますが，そうすると，拍の流れに合わないリズムを叩いてしまう生徒が出てくるため，このような活動を事前に取り入れますが，実態に応じて割愛することもできます。次に，このリズム・パターンの中から好きなリズムを一つ選んで，リレー奏をします。一人ひとりのリズム打ちの合間に，クラス全員で，4分音符

を4拍分，手拍子をしてつなげていきます。

　楽譜からリズムを読み取ることが苦手な生徒が多いと思うのですが，この活動を繰り返すことで，楽譜からリズムを読み取ることができるようになっていきます。学年の実態に応じてリズムカードの難易度を変えていきます。

　また，リコーダーの学習をしているときなどは，リコーダーで演奏します。アルトリコーダーのミ（ソプラノリコーダーのシ）など，吹きやすい音でリレー奏をしたり，慣れてきたら別の音にしたり，自分の好きな音を選んだりするようにします。

### ❷リズムしりとり

　いよいよリズムしりとりです。こちらも，手拍子でもリコーダーでもどちらでもできます。最初の生徒は，4分音符を4拍分打ってから，自分の選んだリズムを打ちます。次の生徒は，前の生徒の選んだリズムを打ってから，自分の選んだリズムを打ちます。リコーダーの場合には，始めは1音のみ，慣れてきたら2音，3音…と使ってもよい音を増やしていきます。

　手拍子の場合は，次のようにします。

　次は，アルトリコーダーでのリズムしりとりの例（「ミ〜ソ」の3音の場合）です。

### ❸学習にどう生かす

　この活動を継続すると，聴く力が高まり，鑑賞の題材でもモチーフや主題をすぐに覚えて楽曲の中で見つける力が高まります。楽譜からリズムを読み取る力や，反復・変化など，曲の構成にも着目する力が身に付きます。創作の学習にも抵抗なく取り組めるきっかけになります。

（安部　文江）

## ㉘創作　全学年

# アドリブを
# 楽しもう

関連する主な指導事項：A表現（3）創作　イ（イ）　ウ

　タブレット端末を使った授業の導入に適した「Chrome Music Lab」を利用した活動です。創作のみでなく鑑賞の授業にもつなげることができます。

### ❶入門編

　タブレットに慣れることや，創作の導入として，Chrome Music Lab の「カディンスキー」と「メロディーメーカー」を使います。「カディンスキー」ではまず，3分

程度自由に絵を描き，再生する活動を繰り返して楽しんだ後に，気に入った絵（音楽）を一人ずつ再生して聴き合います。このアプリは，作品の保存ができないため，自分の作品をスクリーンショットしたものを指定した場所に貼り付けて提出するようにします。その際に，「散歩をしてウキウキしている様子」などというように，タイトルを付けて提出するようにします。はじめはここまでですが，慣れてきたら「音が弾んでいて楽しい感じがするから」などというように，理由も記入して提出するようにします。

　「メロディーメーカー」も同様の方法で即興的につくった音楽をクラス全員で聴き合ったり，タイトルや理由を記入して提出したりします。この活動のねらいは，即興的につく

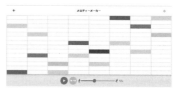

られた音楽をクラス全員で聴き合ったり，楽しんだりすることで，創作の学習へのハードルを低くすることです。また，それだけで終わりにせず，タイトルや理由を記入することで，音楽を形づくっている要素に着目し，感じ取ったことを言葉で表すことができ，表現や鑑賞の知識における「イ（ア）曲想

と音楽の構造との関わり」について学習する際に，これらの常時活動で積み重ねたことが生かされていきます。

**❷応用編**

　リズムについても，上記と同様アプリを使った活動ができます。その際に，その日に取り組む拍子を指定した方が，クラスで発表し合った際に拍子感が感じられます。発表した後は，タイトルを付けて理由を記入するという活動をしてもよいですし，つくったリズムをリズム打ちするという活動に発展させることもできます。リズム打ちの方法も，クラスを3パートに分けて，バスドラムのパートは足踏み，スネアドラムのパートは膝打ち，シンバルのパートは手拍子というように奏法を変えることで，音色の違いも感じられます。クラスでリズムアンサンブルをした後に，「3パートを一人でやってみよう」と言うと「え〜。無理〜」と言いながらも，一人ひとりが足踏み，膝打ち，手拍子を始めるのでとても盛り上がります。ボディーパーカッションの活動にもつなげることができます。

　「共有ピアノ」は，複数で創作を楽しめるアプリです。一人がアクセスし，リンクをコピーしてペアに送信します。リンクにアクセスすることで同時に創作ができます。自動で録音されるので，即興的に演奏した後に録音を聴き合い，どんな感じがしたか，どうしてそう思ったか，ペアで感じたことを伝え合います。「ソングメーカー」は，導入でなく創作の題材で使いたいアプリですが，小節数，拍数，音階の種類について事前に設定して保存したものを生徒に配付することで，常時活動の限られた時間の中でも効果的に活用することができます。Chrome Music Lab を使うと簡単に音楽をつくることができ，生徒も興味をもって取り組みますが，大切なのは，ただつくって終わりにするのではなく，つくった音楽からどう感じたか，どの部分からそう感じたかを言葉で表すところまでていねいに積み重ねていくことです。歌唱や器楽，鑑賞における曲想と音楽の構造との関わりの理解や，創作における表したいイメージと関わらせた理解を助ける活動になります。

（安部　文江）

# 民謡で
# 日本を巡ろう

**関連する主な音楽を形づくっている要素：音色,旋律,リズム,テクスチュア**

　中学校学習指導要領（平成29年告示）では「我が国や郷土の伝統音楽」に関わる指導の充実が求められており，教科書には日本の様々な民謡を取り上げたページが準備されています。皆さんの授業では，このページをどのように指導に生かしていますか。ここでは，このページを活用して，我が国の様々な地域に伝わる民謡について幅広く学ぶことができる常時活動のアイデアを紹介します。

## ❶活動の概要

　令和3年度の教科書では，教育芸術社1年教科書『中学生の音楽』のp.62に「郷土に伝わる民謡を調べよう」，教育出版1年教科書『音楽のおくりもの』のp.30に「郷土の様々な民謡」というページがあり，日本地図の中に全国の数多くの民謡が記されています。この中から，興味がある民謡について調べたり，実際に視聴したりしたことをそれぞれの生徒が簡単にまとめ，学級のみんなの前で5分程度のプレゼンテーションをするというものです。できれば，授業で民謡についての学習に取り組んだことを受けての活動とするとよいでしょう。

## ❷活動の事前準備

　生徒は教科書の中から，自分が興味のある民謡を選びます。あらかじめ，生徒が調べやすいものや特徴をつかみやすいものなどを教師が選び，その中から選ばせるということもよいでしょう。また，自分たちが住んでいる地域に伝わっている民謡などを付け加えて，生徒が選べるようにしてもよいでしょう。事前に民謡についての授業を行っているのであれば，その中で声の出し方や歌い方（節回しやコブシなど），拍の有無，囃子詞（はやしことば）

や伴奏している楽器のことなど，音楽の特徴を捉えるときの視点を押さえておくようにします。

　生徒は，事前に調査学習を行います。Ａ５サイズの次のようなシートを準備するとよいでしょう。シートのサイズは任意ですが，自校の生徒の実態なども踏まえて，あまり生徒の負担にならないようにすることが大切です。

| 曲名 | どこに伝わる民謡か |
|---|---|
| 音楽の特徴（聴いたり見たりして感じたことや気付いたこと） | |
| 民謡の種類（どのようなときに歌われる民謡か？） | |
| その他　みんなに伝えたい情報（いつ頃から伝わっている？　どのようにして生まれた？） | |
| あなたがみんなに伝えたいこの民謡のよさ | |

　余裕があれば授業の中で調べる時間を設定してもよいですが，１〜２週間程度，課題として調べる期間を設けたり，夏休みなどを利用したりするなどの方法もあると思います。音源は教科書付属のCDなどもありますが，生徒が自由にタブレットPCを使える環境であれば，インターネットなどを介して資料や動画なども比較的，容易に手に入れることができると思います。

### ❸活動の進め方

　順番を決めて，授業の始めに毎回，１人ずつプレゼンをします。プレゼンテーションの進め方は，次のとおりです。

　①　紹介する民謡の冒頭部分を（できれば音源のみで）１分程度聴かせる。
　②　調べた民謡について，シートを基に発表をする。
　③　紹介した民謡を（場合によっては映像付きで）視聴させる。
　④　プレゼンした内容についての質問や感想をたずねる。

　ポイントは，最初に音楽を聴く→（言葉で）説明を聞く→再び，音楽を聴くという進め方で行うことと，プレゼンの中で，調べた民謡についての自分なりのよさを伝えるということです。生徒主体のプレゼンテーション型鑑賞学習を常時活動の中で取り入れてみませんか。

（副島　和久）

鑑賞

# 音楽で世界を巡ろう
# アジア編

**関連する主な音楽を形づくっている要素：音色,旋律,リズム,テクスチュア**

　中学校学習指導要領（平成29年告示）の第1学年鑑賞の指導事項イ(ウ)に「我が国や郷土の伝統音楽及びアジア地域の諸民族の音楽の特徴と，その特徴から生まれる音楽の多様性」（下線は筆者による）について理解することが示されています。前項の「民謡で日本を巡ろう」で我が国の郷土の伝統音楽についての常時活動のアイデアを紹介しましたので，ここでは同じような方法を用いて，アジア地域の諸民族の音楽について幅広く学ぶことができるアイデアを紹介します。

## ❶活動の概要

　1年の教科書ではよく，アジア地域の諸民族の音楽について学習するページがあり，様々な音楽や楽器などが紹介されています。しかしながら，それはほんの一部であり，アジア地域には他にも多くの音楽や楽器が存在します。

　ここで紹介する活動は，その中から興味がある音楽や楽器について調べ，実際に視聴したことをまとめ，学級のみんなの前で5分程度のプレゼンテーションを行うというものです。個人での活動を想定していますが，ペアやグループで取り組むことも可能です。

## ❷活動の事前準備

　生徒は教科書などを参考にして，自分が興味のある音楽や楽器を選びます。できれば，この活動に取り組ませる前に，生徒のアジア地域の諸民族の音楽への関心を高めることができるような教師の働きかけがあるとよいでしょう。

　生徒が音楽の多様性について理解するためには，音楽表現の共通性や固有性について考えることができるようにすることが大切です。例えば，「声の音楽」「楽器」「合奏による音楽」などの大括りのテーマを決め，生徒が選べ

るようにすることで，生徒は調べた音楽や楽器を互いに比較したり関連付けたりしやすくなると思います。

　生徒は，事前に調査学習を行います。調査するときのシートや調査方法などについては，前項の「民謡で日本を巡ろう」を参考にしてほしいと思いますが，シートの項目はおおよそ次のような内容にするとよいでしょう。

・音楽名または楽器名など
・どこの国や地域の音楽（楽器）なのか
・その音楽や楽器の演奏を聴いてみて感じたことや気付いたこと
・その音楽や楽器について調べたこと
・その音楽や楽器についてのよさや面白さ，魅力など

　夏休みの課題として，レポート形式で取り組んだり，タブレット PC を活用して，プレゼンテーションソフトを用いてまとめたりさせることなども考えられます。生徒が自ら興味・関心をもった音楽や楽器の演奏を聴き，自分なりの方法で調べてまとめるような学習は，限られた音楽の授業時数の中だけでは難しいと思いますが，生徒の大きな負担にならないように配慮しながらも，長期休業などに取り組むことができるようにするのもよいのではないでしょうか。

### ❸活動の進め方

　授業の始めに，プレゼンをします。プレゼンテーションの進め方は，次のとおりです。

　①　紹介する音楽や楽器の演奏を（音源のみで）１分程度，聴かせる。
　②　調べた音楽や楽器について，紹介する。
　③　紹介した音楽や楽器の演奏を（できれば映像付きで）視聴させる。
　④　プレゼンした内容についての質問や感想をたずねる。

　例えば，朝鮮半島のパンソリとモンゴルのオルティンドーを続けてプレゼンさせるなどして複数の音楽を比較したり関連付けたりし，共通点や相違点などについて考える機会を設けることもよいでしょう。

（副島　和久）

# 音楽の多様性を
# 理解しよう

**関連する主な指導事項：B鑑賞　イ(イ),(ウ)**

　鑑賞の授業で，様々な音楽の特徴とその背景となる文化や，歴史との関わりや音楽の多様性について理解する学習を，どのようにしたらよいかで悩んでいる先生方は多いのではないでしょうか。

　音楽の特徴とその背景となる文化や，歴史との関わりや多様性を扱うことが難しいと感じる理由には，楽曲の生まれた国の文化や歴史など教師が解説しなければならない情報が多いから，どの程度情報を与えればよいのか分からないから，音楽の特徴とその背景となる文化や歴史とがうまく結び付かないから，などがあると思います。

　しかし，音楽の背景については，教師が全て解説しなければならないということはありません。生徒が関心をもって情報を得ようとすれば，端末を使って簡単に情報を集めることもできます。大切なのは，生徒が自ら音楽の背景に関心をもつようにすること，そして音楽の背景と特徴が結び付いているということを実感する場面を積み重ねていくことです。

## ❶音楽が生まれた国を地図上で捉え，その背景に目を向ける

　鑑賞の授業で，これから聴く楽曲がどこの国の音楽かを知ったり，音楽を聴いてどこの国の音楽かを予想したりする場面は多いと思います。そのようなときに世界地図を使うと，場所を視覚的に捉えることができます。

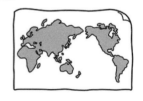

　地図を使わずに，例えば教師が「この音楽は中国の音楽です」「この音楽はブラジルの音楽です」などと言葉で説明したとき，頭の中で世界地図を描いてその国の場所を把握できる生徒はどれだけいるでしょうか。多くの生徒

は，「中国」「ブラジル」など国の名前を暗記して終わりになってしまうのではないでしょうか。教科書に地図が書かれていることもありますが，その国とその周辺のみの地図であることが多く，世界地図上で見るとどの位置になるかを視覚的に捉えることはできません。

音楽室に世界地図があれば，いつでもすぐに国の場所を確認することができます。しかし，単に国の名前や位置を知るために世界地図を使うわけではありません。大切なのは，音楽が生み出され，育まれてきた背景にある人々の生活や文化などに目を向けることです。その音楽が生まれた場所を世界地図上で捉えることは，その国の気候，生活，文化，歴史などについて思いを巡らせ，もっと知りたいと思うきっかけになります。

### ❷これまで学習した音楽を世界地図上で捉え，今後につなぐ

これまで学習した音楽を世界地図上に並べてみましょう。すると，例えば，「モンゴルのオルティンドーと日本の民謡は共通点があったけれど，同じアジア地域なんだ」「西洋のオーケストラと日本の雅楽では，管弦楽という共通点はあったけれど曲想がずいぶん違った。地図上でも距離がずいぶん離れているなあ」などと楽曲同士の関連や音楽の多様性について考えるきっかけをつくることができます。

また，「2つの音楽は同じ地域だけれど，つくられた時代も同じなのかな？」というように，音楽を時間軸で捉えてみようという視点が生徒から出ることもあります。さらに，これまで学習した音楽は，どの地域の音楽が多くて，どの地域の音楽が少ないかということが一目瞭然になるので，生徒に，まだ聴いたことのない音楽がいかにたくさんあるかということを実感させることができます。これは，「次はこの地域の音楽を聴いてみたいな」という前向きな気持ちにつながります。

世界地図上に学習した音楽を並べるという活動は，音楽と人間との関わりに目を向けるきっかけづくりとなり，この活動の積み重ねは音楽文化の理解につながっていくと思います。

（勝山　幸子）

# 「口唱歌」で
# 歌ってみよう

**関連する主な音楽を形づくっている要素：旋律,音色,テクスチュア**

　日本の伝統音楽は，普段の生活で耳にする現代の音楽や西洋音楽とは少しかけ離れた世界にあるようなものに感じる生徒もいることから，「なんか難しい」「あまり面白くないな」で終わってしまうようなことがあります。生徒によってはイメージがつかみにくい場合もあります。ですから，少しでも実感を伴いながら，よさや面白さに迫ることができたらと考えます。

### ❶なんか硬い音だな…が段々変わっていく

　雅楽で旋律を担当している楽器の一つに，篳篥があります。「越天楽」の演奏を聴いた生徒は，「なんか，音が大きいなあ」と聴き慣れない音色から，このように感じる生徒もいるでしょう。

　次に，篳篥の演奏する旋律はどうなっているかに着目して再度聴くように促すと，「メロディーがうねっているような感じだな」というつぶやきも聞こえてきます。その発言を捉えて，「同じように感じた人はいますか？」と生徒にたずねます。そうすると，「途中で下から上に音が滑らかに上がったり下がったりしているような感じがする」とポルタメント奏法に気付いたような発言も出てきます。

### ❷手で旋律の動きを表しながら「越天楽」の唱歌を歌う

　「それではみんなで一回『越天楽』を歌ってみましょう」と，生徒に投げかけます。電子黒板に篳篥の冒頭部分の楽譜を映し出します。○で囲った部分が「塩梅」の奏法の部分です。

| チ | ラ | ロ | ヲル | ロ | タ | | アル | ラ | ア | ア |
| チ | ラ | ファ | テ | エーリ | レ | タ | | アル | ラ | ア | ア |

生徒は初めて口唱歌の楽譜に触れるので，とても興味深そうに楽譜を見ます。教師が，一回手本に歌います。その後，全員で歌います。この楽譜の塩梅の部分である「テエーリレ」の部分に注目するように声をかけ，塩梅の部分を取り出して歌います。

　次は手を顔の前に出して，手で旋律の流れを表しながら口唱歌を歌います。「何か気付いたことはありますか？」とたずねると，「少し音が緩んだ感じになって，上がっているような感じがする」という声が上がってきます。歌だけでなく，手の動作で旋律の流れを感じながら歌うことで，特徴をつかむことができるようになります。

### ❸塩梅を付けた演奏と塩梅のない演奏を比較する

　その後，同じ旋律に塩梅を付けたものと付けないものとを比較試聴します。さらに，音に合わせて声に出して歌ったり，手の動きを付けながら歌ったりするように促します。そうすると「なんか塩梅があった方が，音がなめらかにつながっていてやわらかい感じがする」のように感じ取ることができます。最初に聴いたとき，「大きな音がする」と捉えていた篳篥の旋律や音色の印象が変化します。

### ❹実感を伴った理解に

　篳篥の奏法のように，自分たちの身近にあまり無い楽器の奏法を理解していくときには，映像資料のみで説明してしまうことが多いです。口唱歌は，生徒たちにとっては不思議な昔の言葉のように感じて面白く，興味をもって取り組むことができます。教師がリードしながら何度か繰り返し歌っているうちに，すぐに歌うことができるようになります。しかし，ただ面白い歌…で終わってしまわないようにしたいですね。口唱歌に合わせて手の動きで旋律の特徴をつかんだり，塩梅と塩梅ではないものを両方歌って比較したりして，実感を伴いながら音楽の特徴や音楽のよさを捉えていくことが，雅楽の本質に迫ることにつながっていくのではないかと思います。

　このような活動を，日本の伝統音楽を扱う際に短時間，継続的に取り入れてみてはいかがでしょうか。

（望月　光祐）

# 聴いてみよう
# ５分で楽しめる映像と音楽

関連する主な指導事項：Ｂ鑑賞　ア(ア)　イ(ア),(イ)

　皆さんは，NHK for School という NHK が作成している学校向けコンテンツの中に，「名曲アルバム＋（プラス）」という音楽番組があるのをご存じですか。クラシック音楽を中心に，生徒も一度は耳にしたことがあるような世界の名曲が５分間に編曲してあり，コンピュータグラフィックやアニメなどを駆使した映像とともに視聴することができます。その曲を特徴付けている音楽の要素が目に見える形で表現されていたり，音楽といろいろな動きが同期していたりするなど，目と耳で楽しむことができるコンテンツが揃っています。サイトのアドレスは以下のとおりです。

https://www.nhk.or.jp/school/ongaku/meikyokuplus/

## ❶名曲アルバム＋（プラス）の魅力

　このサイトの中で国立音楽大学の津田正之教授は，鑑賞学習を楽しむ上で大切なこととして，以下の３点を挙げています。

・「曲や演奏を面白くしている〈音楽の仕掛け〉に着目すること」
・「〈音楽の仕掛け〉から，子供たち一人一人が音楽に対するイメージを膨らませること」
・「想像力を働かせて音楽を聴くこと」

　そして，このような学びを豊かにするためのツールとして，この「名曲アルバム＋（プラス）」が紹介されています。このコンテンツでは，音楽の面白さをいろいろな方法で可視化することにより，その魅力がよりよく伝わるようになっています。コンテンツによっては，指導案や鑑賞ノート（ワークシート）なども準備されており，50分をかけて取り扱うこともできますが，ここでは，常時活動のツールとして紹介したいと思います。

## ❷名曲アルバム＋（プラス）活用上の留意点

2023年2月現在で，配信されているコンテンツは以下のとおりです。

運命（ベートーベン），パッヘルベルのカノン，ボレロ（ラヴェル），14の
カノン（バッハ），モルダウ（スメタナ），ラ・カンパネラ（リスト），美し
く青きドナウ（ヨハン・シュトラウス），レクイエム（カルドーゾ），チゴイ
ナーワイゼン（サラサーテ），ペニー・レーン（レノン，マッカートニー）

常時活動としての紹介ですが，毎時間続けて視聴するということではなく，
例えば，月に1回程度でもよいでしょう。

また，取り扱う学年については，いずれのコンテンツもどの学年で取り扱
ってもよいと思います。「運命」「モルダウ」など教科書で鑑賞教材として取
り扱われている曲についても既習，未習にかかわらず取り扱ってよいでしょ
う。

それから，一度視聴したら終わりということではなく，何度か続けて視聴
したり，学年が上がった際に，再度，視聴したりするということも考えられ
ます。生徒の中に新たな気付きが生まれたり，1回目より質の高い鑑賞学習
につながったりすることが期待できると思います。

## ❸名曲アルバム＋（プラス）の活用した常時活動のアイデア

指導の例としては，最初に，冒頭の一部を映像のみ見せて，その動きから
どんな音楽かを予想するよう指示します。次に，実際に音楽と映像とを合わ
せて視聴し，気付いたことを伝え合います。その際，音楽と映像が合ってい
ると思った箇所などを互いに伝え合うのもよいでしょう。

教師があまり「指導しよう！」という強い思いをもつのではなく，授業の
ウォーミングアップも兼ねて，生徒が気楽に楽しみながら自由な感性で視聴
できるようにして，自由闊達な意見交流などができるとよいと思います。

（副島　和久）

## ㉞鑑賞　全学年

# 楽器に注目して
# 聴こう

関連する主な音楽を形づくっている要素：音色,テクスチュア

　音楽を聴くとき，気になる音があると，その音ばかり耳で拾いながら聴いてしまうことがあります。「これは何の音？」と。そんな，音色への引っかかりをきっかけに，楽器に注目して聴くという活動を取り入れてはいかがでしょう。

### ❶イントロで発見！　楽器の魅力

　ポピュラー音楽のイントロには人の心を動かす力があり，ほんの一瞬聴いただけでも「あの曲だ！」と分かってしまうような，強い印象が残ります。その印象的なイントロを奏でている楽器に注目して行うミニ鑑賞です。例えば，ギターなら，フォーク，クラシック，エレキ，それぞれが使われている曲のイントロを聴き比べ，音色や奏法の特徴について知ったり，自分の好みの音はどれかなと考えたりする活動ができます。また，原曲ではエレキギターの旋律を，キーボードなどを使って「もしこの旋律がクラシックギターだったら」と，違う音色で聴き比べ，曲想と音色との関わりについて考えることもできます。

### ❷見いつけた！　こんなところにあの楽器

　「あの楽器が，実はこんなところで使われていた」を発見するミニ鑑賞です。ここでもポピュラー音楽を例に考えてみます。例えば，小学校の器楽合奏で演奏した木琴や鉄琴，リコーダーや鍵盤ハーモニカ，トライアングルやタンバリンなどがヒット曲の中でよい味を出しているのを見つける活動は，楽器の魅力を再発見できます。また，「Aメロの１回目と２回目では，雰囲気が変わります。２回目だけに登場する楽器は何でしょう？」などと視点を与えた上で，オーケストラの楽器や和楽器など，既習の楽器が登場する曲を

鑑賞します。「どうしてこの楽器の音を入れたのか？」を考えることは，曲想と音色との関わりについて考え，つくり手の思いや意図を想像しながら鑑賞することにつながりそうです。

　選曲のポイントとしては，そのとき流行っているポピュラーソングや校内放送で使用されている楽曲などを取り上げれば，より多くの生徒が興味をもち，意欲的に取り組めそうです。最初のうちは教師が取り上げたい楽器と曲を選んで紹介しますが，回を重ねていくうちに，生徒の方から「この曲を取り上げてほしい」「この楽器の特集をしてほしい」とリクエストが出てくるはずです。そうなってくれば，生徒に任せてみるのもよいでしょう。

　❶❷のような活動は，自分がどんな音（楽器）を好むのかを知ることにつながったり，何気なく耳にしている音楽を，音色という視点から捉えることができるようになったりと，生活や社会の中の音や音楽と豊かに関わることにつながると期待できます。最近は作曲も演奏もパソコンでという楽曲も多く，必ずしもその楽器で演奏した音ではない場合もありますが，そういったことも含めて，音色を視点とした学習が展開できそうです。

　ところで，鑑賞の授業では，聴いているけど聴こえていないということがよくあります。聴き取ってほしい楽器の音になかなか気付けない生徒がいる場合は，例えば，教師がその楽器を演奏する真似をして音に意識を向けられるようにするとよいでしょう。教師の動きに合わせて，生徒も指先など身体の一部を一緒に動かせば，さらに音に気付きやすくなります。その他，楽譜や図形譜（音高やリズムを線や図で表したもの），スペクトログラム（音を波形で表したもの）などで音を可視化しておくと何かと便利です。音に気付くことができない（音を見つけられない）生徒に，「ここで波形が大きく変わっているね。この部分で聴こえる音に注目して，もう一度聴いてみよう」などと支援ができます。自転車に一度乗れると一生乗れるのと似ていて，一度認識できた音は，次に聴いたときにも聴き取れるはずです。トリックアートの中のしかけを見つけたときのように，それまで認識できなかった音が聴こえるようになると，鑑賞はぐっと楽しく面白くなります。

（波場　智美）

## ㉟鑑賞　全学年

# 何の
# 音かな？

関連する主な音楽を形づくっている要素と指導事項：音色,B鑑賞　イ(7)

　鑑賞の授業をしていると，楽器の音色の知覚についての個人差が大きいことを感じます。楽器経験があったり，家庭で様々な音楽に触れる機会があったりする生徒は，元々知っている楽器の名前も多かったり，音色を聴き分けることも得意であったりします。逆に，楽器に触れる経験が少ない生徒は，楽器名もあまり知らず，たとえ楽器名を覚えられたとしても，なかなか音色と結び付けて捉えることが難しいというケースが多いです。

　楽器の音色の聴き分けができる生徒とできない生徒とでは，スタートラインが違ってしまい，分からない生徒にとってみると，知覚したことや感受したことを言葉で説明したいのにできない，だから分からない，つまらないといった悪循環が生じてしまいます。また，音色の知覚は一度聴いたらすぐにできるというものではなく，ある程度の時間がかかります。そこで，短時間の常時活動の積み重ねで，楽しみながら音色に関心をもったり，音色の違いに敏感になれるような感覚を磨いたりできないかと考えたのがこの活動です。

### ❶楽器の音色

　鑑賞の授業などの導入に，５問程度の「音色当てクイズ」を行います。生徒の実態や，それまでの学習の状況を考慮しながら，同属の楽器のみで出題するか，逆に様々なジャンルから出題するかを判断します。

　どの楽器を出題するかによって理解の定着が違ってくるので，慎重に選択します。５問程度出題することで，それぞれの楽器の音色を比較しながら，知覚したり感受したりすることができます。自分なりの予想をワークシートに書き込み，どのような音だったかメモをするようにします（次ページの図）。

答え合わせの際には，できるだけ映像で視聴できるようにし，映像が難しい場合には，楽器の写真を提示しながら音色を聴けるように工夫します。正解であれば5ポイント，惜しい場合には2ポイントとし，ポイントを記入していきます。この常時活動を数回実施したところで，ポイントを集計してみます。

クイズ形式であったり，ポイント制であったりすると，ワクワクしながら取り組めます。また，2回目以降は，前回出題した楽器も1問程度出題することで，「あっ，この楽器，この前聴いたぞ」「分かった！」と感じることができます。苦手意識のある生徒にとっては少しでも「分かった！」が増え，あきらめずに楽しく興味をもって取り組めるように，また，得意な生徒にとっても新しい発見があり，好奇心を掻き立てることができるように，5問の中にも様々な難易度のものを散りばめておく工夫が大切です。

### ❷生徒が採取した音

生徒自身がクイズをつくる活動もおすすめです。学校の実態にもよりますが，「次の授業までにクイズにしてみたい音を録音してこよう」と課題を出してもよいですし，授業時間以外の録音が難しいという場合には，授業の冒頭の10分以内で録音する時間をつくります。中庭の鳥の鳴き声，石と石を叩き合わせる音，扇風機の音，工事の音，黒板に字を書く音，自分で演奏した楽器の音…など，生徒は様々な音を採取してきます。それらを，Google Classroom などに課題として提出させるようにします。次の授業から，❶と同様に，「音色当てクイズ」として出題します。この活動を行うことで，自然界の様々な音にも興味をもてるようになりますし，ちょっとした音色に敏感になれる生徒が増えるのも嬉しいことです。

（安部　文江）

# 音色が
# 変わると？

**関連する主な音楽を形づくっている要素：音色**

　皆さんは，鑑賞領域の学習をする際，知覚，感受の対象として，どの音楽を形づくっている要素を選んでいるでしょうか。中学校学習指導要領（平成29年告示）には「音色，リズム，速度，旋律，テクスチュア，強弱，形式，構成」などが示されています。これらは，表現領域の授業でも扱うことができますので，そこで学んだことを，鑑賞領域の学習に生かすことはできますが，表現領域での扱いの幅が案外狭くなってしまうのが音色ではないでしょうか。

　歌唱分野の学習の場合，音色は声の音色として扱うことが多いと思いますが，音の種類としては「声」一つです。器楽分野の学習の場合，音色は重要な要素の一つですが，授業で生徒が何種類もの楽器を扱うことは難しいため，リコーダー，ギター，箏，三味線など限られた楽器の音を対象にすることになると思います。一方，鑑賞領域の学習で，管弦楽など様々な楽器を使用して演奏されている曲を教材にした場合は，生徒が聴いたり演奏したりしたことのない楽器を含め，様々な音色が登場します。そこで，音色に着目した活動をご紹介します。

### ❶簡単な旋律で試す

　キーボードやキーボードアプリなどを使って，簡単な旋律を弾くという活動をしてみます。簡単な旋律とは，既習の曲の一部を使ってもよいのですが，それでも生徒が抵抗感を示すようであれば例えば，「ドレミーミレドー」のような旋律でもOKです。はじめは全員同じ音色（例えば，ピアノの音色）でやってみます。そして，全員が弾けたことを確認した後，自由に音色を選ぶように促します。生徒は，思い思いに様々な楽器の音色を選び，旋律を弾

きます。そのとき，生徒にはその音色に耳を傾け，面白がったり，不思議そうな顔をしたりしながら，何度も何度も弾く姿が見られます。

　なぜ，生徒は面白がったり，不思議そうな顔をしたりするのでしょうか。それは，音色の変化によって生み出される特質や雰囲気などを感じ取っているからですね。その後，自分で一つ音色を選ぶよう促し，リレー形式で一人ひとり旋律を弾く活動に移ります。ピアノ→オルガン→トランペット→グロッケン→ストリングス…。その一つひとつに生徒は反応します。

　このような活動によって，生徒は様々な音色を知るとともに，同じ旋律であっても，音色が異なることによって，様々な特質や雰囲気が生み出されることを経験していきます。この活動は，授業の始まりの時間などで短時間でできますので，時間的にも，生徒の精神的にも負担は少ないと思います。

### ❷鑑賞教材の一部で試す

　❶のような活動は，鑑賞領域の学習場面でも活用できます。例えば，「交響曲第５番ハ短調」（L.v. ベートーヴェン作曲）を教材とした鑑賞の授業で考えてみましょう。この曲を聴いたとき，生徒は「迫力がある」「怖い感じ」などの感想を口にすることがあります。その理由を聞くと，「はじめのダダダダーンのところでそう感じた」というような声が聞かれます。そこで，キーボードなどで音の高さを指定して，冒頭の動機（ソソソミ♭ー）を弾くように促します（音の高さを自由にすると，音色のみではなく音の高さが生徒の感受に影響してしまいます）。その後，様々な音色を選べるようにして❶のようにリレー形式で弾く活動を行ってみると，同じ動機であっても音色によってずいぶん雰囲気が異なることを感じ取っていきます。

　このような活動をすることによって，「迫力がある」「怖い感じ」などと感じた理由は動機の旋律のみに起因するのではなく，そこには音色も大きく影響していることを実感し，音色に意識を向けて鑑賞することにつながります。様々な音色を知り，それらの音色が生み出す特質や雰囲気を感じ取ることは，創作分野のイ(イ)に示されている音素材の特徴に関する学習をより豊かにすることにもつながります。

（臼井　学）

鑑賞

# この曲のタイトルは
# 何かな？

**関連する主な音楽を形づくっている要素：音色,旋律,リズム,テクスチュア**

　鑑賞の授業では，学習のまとめとして批評文を書く活動を行うことがありますが，日頃から知覚したことや感受したことを言葉にする習慣がないと，なかなかすぐには書けません。そこで，聴いた曲にタイトルを付け，そのタイトルを付けた理由を語るという常時活動はいかがでしょうか。これは，「音や音楽を自分のイメージや経験等と結び付けて捉え，言葉で表現する力」をスモールステップで身に付けるための活動です。

## ❶進め方のイメージ

教　　師：今から短い曲を流します。この曲のタイトルを当ててください。

生徒Ａ：川の流れ。　生徒Ｂ：やさしい気持ち。　生徒Ｃ：夕暮れ。　　等々

教　　師：Ａさんは，どうして川の流れだと思ったのですか？

生徒Ａ：なだらかに音が下がっているところが，川の流れる様子に似ていると思ったからです。

教　　師：なるほど。Ｂさんはどうしてやさしい気持ちにしたのかな？

生徒Ｂ：ぼくも音が下がっているところに注目しました。心が落ち着いて，なごんでいく感じがしたので，やさしい気持ちにしました。

生徒Ｃ：はい！　理由はうまく言えないけど，夕暮れがいいと思います。

教　　師：誰か，代わりに理由を言える人はいますか？

生徒Ｄ：たぶんＣくんは，太陽が沈んで，空がだんだん暗くなる感じを…。

　作曲（即興演奏）が得意な先生なら，先生がつくった10〜15秒ほどの短い曲で，同じようなやり取りを先にしておくのがオススメです。ポイントは，理由の中で音楽を形づくっている要素（とその働き）と，それを何と結び付けて捉えたかを言えているかどうかです。もし理由がうまく言えない生徒が

いたら，「音楽のどういうところからそう感じたの？」などと問い返して言葉を引き出したり，他の生徒に言ってもらったりするのもよいでしょう。

　このようなやり取りをしていると，「もう一回聴きたい」と要望が出てくるので，もう一度聴いてみます。自分のイメージを確かめながら聴く生徒もいれば，友達のイメージを借りて聴く生徒もいるでしょう。頃合いを見て本当のタイトルを伝え，最後にもう一度聴いて活動を締めくくります。

　短時間で行うには，演奏時間の短い曲を選んだり，特徴的な部分のみを抜粋して聴いたりするなど，工夫が必要となります。また，短時間では全員が発言することは難しいため，「ワークシートに記入してペアやグループで伝え合う」「ふせんツールや表計算ツールなどに書き込んで見合う」「テキストマイニングで傾向を見る」といったやり方もよいでしょう。

　なかなか自分の考えが書けない生徒も，友達の書いたものを読んで自分の感覚に一番近いものを選ぶだけでも，感性や思考が働くきっかけになるでしょう。クラスによっては，はじめは匿名（名前を非表示）にするなどして，照れや不安を軽減させることも有効な支援になるでしょう。

**❷アレンジ**

　「この曲のタイトルには季節を表す言葉が入っています。それは，春・夏・秋・冬のうち，どの季節でしょうか？」

　これは，一人ひとりがもっている春夏秋冬それぞれの季節のイメージと音や音楽を結び付けて考えることができます。もし正解が「春」だとしても，「夏」を選んだ生徒が音楽のどの部分に着目し，どんなイメージと結び付けたのかを知れば，「そうか，そういう聴き方もあるんだ」と，聴き方の幅が広がります。友達との対話を通して，音楽との対話が豊かになっていきます。この他，「朝・昼・夕方・夜」「象・鳥・亀」「水・風・火」なども，イメージと結び付けやすいでしょう。

　このような活動の積み重ねは，聴き取ったことや感じ取ったことを言語化する力を育むとともに，つくり手の思いや意図を探ることにもつながっていきます。

（波場　智美）

鑑賞

# お気に入りの曲を紹介しよう

**関連する主な指導事項：B鑑賞　ア(ｱ)　(ｳ)**

　「音楽を聴くのは好きなんですけど，授業になると苦手です…」という生徒がいます。しかし，少し話を聞いてみると，帰宅後ほぼ毎日音楽を聴いているという生徒が大半です。自宅で音楽を聴くことと鑑賞の授業の間にある垣根を取り払うことができたら，鑑賞の授業に対する苦手意識をなくすことができるはずです。

　この常時活動は，生徒が日頃好んで聴いている音楽を教材にして，鑑賞の授業につなげていくことがねらいです。まず，年度始めなどに，簡単な「自己紹介カード」を記入して提出してもらうようにします。その中の項目の一つに「お気に入りの曲」を書く欄を設けておき，その曲を，常時活動の中で紹介していきます。活動の様子を３つの事例でご紹介します。

### ❶身近な楽曲で

　「Habit」(SEKAI NO OWARI) の事例です。まず，１番のみを全体で聴きます。聴き終えた後，選んでくれた生徒に，どんなところが気に入っているのか質問します。ここでは，特に要素を限定することはしません。その生徒の感じていることを大切にしたいからです。

　　教師「どんなところが気に入っていますか？」
　　生徒「メロディーにインパクトがあって，聴いているとずっと耳から離れ
　　　　　なくなるところが気に入っています」
　　教師「なるほど。『聴いているとずっと耳から離れない』というのが分か
　　　　　る気がします。もしかしたら，リズムに秘密があるかも。みんなで，
　　　　　リズムに着目してもう一度聴いてみましょう」

　このように，２回目の鑑賞の前に，注目してほしい要素を限定します。

教師「リズムに着目して聴いてみて何か気付いたことはありますか？」
生徒「同じようなリズムが何度も繰り返されています」
教師「確かめてみましょう」
生徒「(みんなでリズム打ちをしてみる) 同じようなリズムがたくさん繰り返されているから，ずっと耳から離れなくなるんだ〜！」

### ❷比較聴取

　一曲を単独で聴くのもいいですが，比較聴取すると共通性や固有性が明らかになります。例えば，同じアーティストの楽曲を聴き比べてみます。優里の「ベテルギウス」と「ドライフラワー」のサビの旋律に着目して聴き比べた事例です。「なんか似ている気がする…」というつぶやきを捉えて，「どんなところが似ているかな？」と投げかけてみると，「曲想がゆったりしている」「サビの部分の旋律が，音が上がってから下がってくる，という音型が似ている」などの共通点を見つけることができます。旋律の一部分だけを取り出して実際にピアノで弾いて確かめてみると，上行して下行する音型とシンコペーションのリズムが同じであることが分かります。

　次に，Ado の「新時代」の冒頭の旋律と「うっせえわ」のサビに着目して聴き比べた事例です。「『新時代』は明るい感じ，『うっせえわ』は暗い感じがする」という発言から，ピアノでそれぞれに使われている音階を弾いて「長調」と「短調」を確かめます。また，「新時代」のある部分の旋律と「うっせえわ」のある部分の旋律をピアノで弾きながら階名で歌うと，例えば，1オクターブの跳躍が使われているというような共通点に気付かせることもできます。

　これらの常時活動を積み重ねると，普段何気なく聴いている曲の旋律やリズム，構成などに興味をもって聴くことができるようになります。また，鑑賞の授業に苦手意識のあった生徒も，「『Habit』と同じように同じリズムが反復されているな」「『新時代』と『うっせえわ』みたいに，長調と短調の変化がある」など，関連付けて理解を深めることができたり，比較鑑賞する視点をもちやすくなったりします。

(安部　文江)

鑑賞

# みんなでつくろう！「○○中　名曲アルバム」

**関連する主な指導事項：B鑑賞　ア(ア)　イ(ア)**

　音楽科の学習で学んだことを生かして，いろいろな音楽のよさや美しさを味わって聴くことやその音楽の価値や意味について考えることは，生徒が生涯にわたって音楽と豊かに関わっていく上で大切です。ここでは，自分の学校や学級だけの「○○中　名曲アルバム」をつくることを年間のゴールとして取り組む常時活動について紹介します（○○の部分は自分の学校の名前を入れる想定ですが，ネーミングは自由です）。

## ❶活動の概要

　自分が学級の友達や全校の生徒にお薦めしたいと思う音楽を決め，これまで学んだことを生かして，その音楽についてのよさや魅力について考え，紹介するといったような活動になります。発表のためにまとめたページは後に，「○○中　名曲アルバム」というタイトルで冊子やデータとして配付するとよいでしょう。

## ❷活動の事前準備

　学校や学級の生徒数にもよりますが，できれば，生徒が年間に少なくとも一曲はお薦めしたい音楽を紹介できるようにしたいですね。そして，そのための紹介シートを作成します。お薦めしたい音楽は何でもよいこととしますが，例えば，「インストゥルメンタル」「J-POP」「クラシック」「日本の音楽」などいくつかの括りを設けておくと，最後にまとめるときにも便利です。

　次ページの紹介シートの例では，Ａ４判のシートで項目を「曲名」「作曲者（作詞者／編曲者／アーティスト名)」「曲について」「あなたがその曲をお薦めする理由」「その曲を聴いてのあなたの感想」としていますが，シートサイズや項目についてはそれぞれの学校の生徒の実態なども踏まえて決め

てよいです。また，紹介シートの様式のデータファイルを配付し，生徒はタブレット PC を活用して実際にその音楽を視聴し，調査活動を行った上で，タブレット PC を用いてまとめるということも可能であると思います。

　なお，この活動に取り組む学年は問いませんが，より生徒の学びが深まっている2年や3年の方がよりよい活動になると考えられます。

### ❸活動の進め方

　作成した紹介シートを使って，毎時間，1名または2名程度の生徒が，学級のみんなの前で，自分がお薦めしたい音楽を紹介します。必ず音源も準備するようにして，言葉による説明だけではなく，その音楽（の一部）を必ず聴くようにするとよいでしょう。紹介の説明と音楽を聴く（または視聴する）タイミングについても，生徒自身が最も効果的な方法を考えるようにするとよいでしょう。

　発表後は，他の生徒に気付きや感想などを求めてもよいですが，時間が限られているので，それぞれの生徒が付箋にメモを

曲名[　　　　情熱大陸　　　　　]

作曲者名（作詞者名／編曲者名／アーティスト名）

葉加瀬太郎
大阪府出身。元 クライズラー＆カンパニー の ヴァイオリニスト。
国境や ジャンルにとらわれないサウンド はユニークで多面性を持つ。

曲について
日曜の夜11:00～11:30に RKBで放送されている
ドキュメンタリー番組「情熱大陸」のメインテーマです。

きいていると アジア風の「夕焼け」をイメージしそうな曲です。
曲の始め、人の声などが入っていますが決して雑音ではありません。

今や「エトピリカ」「情熱大陸」は葉加瀬の代名詞として、あまりに
有名です。

あなたがその曲をお薦めする理由
ワクワクドキドキしたい時にきいて下さい。
きくだけで 胸が高鳴るような素晴らしい
曲です。
葉加瀬さんの曲としては「エトピリカ」もいいのですが
私の好みに適しているのは「情熱大陸」です。

その曲を聴いてのあなたの感想
初めてきくタイプの曲のせいか印象に残ったのを覚えています。
TVでほんの少しきいただけなのに葉加瀬 Power に負けて
しまいました。
そのしばらく後、附中音楽室で、ある生徒が弾いているのを（ピアノ）
偶然きいて、「やっぱり好きだなぁ」と感じてしまいました。

書いて渡したり，クラウド上で同時共同編集したりするなどの方法も考えられます。発表後は，友達からの助言などを参考に紹介シートの内容を見直して，冊子原稿を完成させるようにします。年度末に完成した「○○中　名曲アルバム」の冊子は，学校内外に配付するなどして生徒の学びを広く紹介してもよいでしょう。

（副島　和久）

# 鑑賞で
# １人１台端末を活用しよう

関連する主な指導事項：B鑑賞　ア(ア)　イ(ア)

　従前の鑑賞の授業では，教師がCDやDVDを再生し，生徒が一斉に同じ音楽を視聴するパターンが多くありました。また，批評文などをワークシートに書くことばかりに重きを置くこともあったのではないでしょうか。中には，教師がもっている知識を生徒に伝える，いわゆる講義形式の授業も散見されます。鑑賞の授業において，生徒たちが主体的に音楽と向き合うことができる１人１台端末の日常的な活用について考えてみます。

## ❶自分のペースで音楽を聴く～楽曲の秘密を探る～

　まず，音楽を聴くことに特化した活用についてです。例えば，「越天楽」を教材とした１年の授業において，一人ひとりが端末を用いて鑑賞することで，楽器の音色の特徴を捉えたり，どのように音が重なっていくのか発見したりしていきます。その際，聴きたい部分をねらって何度も聴き返すことはもちろん，再生ソフトの再生速度を変更する機能を利用して聴くことも考えられます。端末を使用するからこそできる方法を用いて聴くことで，竜笛の旋律に鉦鼓や鞨鼓，太鼓の旋律が重なってくることの気付きにつながります。

　次に，視覚と聴覚を関連付けて音楽を捉える活用についてです。例えば，「フーガ　ト短調」（J. S. バッハ作曲）を教材とした２年の授業では，クラウド上にある楽譜を見ながら自分のペースで音楽を聴き，旋律が重なり合う面白さについて考えます。曲を繰り返し聴いたり，一部分を取り出して聴いたりすることで，主題の登場の仕方の気付きに至ります。また，端末に表示された楽譜に主題の現れる部分を色分けしてマークすることで，複数の声部に現れる主題を可視化して捉えることができます。さらには，音と楽譜の両方から主題に着目することで，調性の違いという新たな気付きの姿も期待でき

ます。

　上記の授業では，鑑賞曲の音源やPDF形式の楽譜や学習カードを使用します。これらの再生や閲覧は，あらかじめ端末に入っているソフトウェアやアプリケーションでも可能です。部分的に何度も聴き直したり，曲のどの部分を今聴いているのかを可視化して確認できるようにしたりすることで，音楽の面白さを味わう学びへ深めることができます。

## ❷聴き取ったことと感じ取ったことを共有する

　鑑賞の活動では，生徒が学習カードに記述したことを基に，生徒の発言による音声情報を通して共有することが多くありますが，クラウドを活用することで，端末の画面を通した文字情報としても共有できることが大きなメリットです。

　例えば，ポピュラー音楽を教材とした3年の「曲の特徴を聴き取り，プレゼンテーションをしよう」のような授業では，ポピュラー音楽を3曲聴き，知覚したことと感受したことをグループで一つのワークシートに同時共同編集で記入します。グループの友達の記述を同じ画面上で見ることができるため，従来の紙の学習カードを用いた授業では記述が進まなかった生徒が，友達の記述を参考にして聴き取りを深め，知覚したことと感受したこととを自分の言葉でまとめる姿が期待できます。また，記述した内容について分析するテキストマイニングを活用することで，友達がどのようなことを聴き取ったり感じ取ったりしたのか，あるいはどのような傾向があるのか，視覚的に分かりやすく共有することもできます。

　クラウドを活用し，生徒たち全員の記述を文字情報として同時に共有することは，視覚を通して多様な意見や考えに触れることができるのはもちろん，その情報を吟味し，考えを広げたり深めたりすることにもつながります。音楽の授業においても多面的・多角的に物事を捉える一助になると考えています。

（荒井　和之）

# 聴き取れたら
# サインを送ろう

関連する主な音楽を形づくっている要素：音色,リズム,速度,旋律,テクスチュアなど

　鑑賞の授業では，音楽を形づくっている要素や音楽の構造が，どのように
なっているのかを聴き取る場面が多くあります。そのとき，どの生徒が聴き
取ることができていて，どの生徒が聴き取ることができていないのかは言葉
や身体の動きなどで表出されなければ教師は正しく判断することができませ
ん。

　言葉であれば一人ずつ聞いていく必要があり時間がかかりますが，挙手や
身体の動きであれば誰が聴き取ることができていて誰が聴き取ることができ
ていないのか，さらにはどのように聴き取っているのかまで一目瞭然です。
音楽は，時間とともに消えてしまうものです。例えば，「フーガ　ト短調」
（J.S. バッハ作曲）で次々に現れる主題について，主題が現れた瞬間に聴き
取れたかどうかを生徒の表すサインで確認することができれば，状況に合わ
せて学習を適切に進めることができます。

### ❶いろいろなサインの使い方

（ア）聴き取ったら手を挙げる

　「シンバルの音を聴き取ったら挙手する」「拍子が変わったところで挙手す
る」「動機を聴き取ったら挙手する」「冒頭の旋律が反復するところで挙手す
る」などのように使います。あらかじめ聴き取る対象を決めておき，音楽を
聴く中でそれが聴き取れた瞬間に挙手をするように指示します。

（イ）音の高さを手の位置で表す

　「高い音が出てきたら手を高く上げる」「低い音が出てきたら手を低くす
る」「高い音と低い音が一緒にでてきたら両手を使って示す」などのように
使います。

（ウ）旋律の動きを指で描く

　「ヴァイオリンの旋律の動きを指で表しましょう」「尺八の旋律の動きを指で表しましょう」などのように使います。

（エ）調性をパーとグーで表す

　「長調の響きだと思ったらパーを挙げる」「短調の響きだと思ったらグーを挙げる」などのように使います。

（オ）回数を指で表す

　「主題が何回聴こえるか，2回目の主題が現れたら2，3回目の主題が現れたら3のように，数字を指で表そう」というように使います。

（カ）拍子や速度や強弱を指揮で表す

　「音楽を聴きながら指揮をしてみよう」「拍子（速度，強弱，曲想など）が変わったら指揮も変えよう」などのように使います。

**❷サインの活用**

　聴き取れたら手を挙げるというサインによって，教師は誰が聴き取れていて誰が聴き取れていないかを瞬時に把握することができます。そのため，聴き取れない生徒に対して，同じ活動を何度か繰り返して聴き取れるようにする，楽譜やDVDなどの視覚的な教材を使って聴き取れるようにするなどのフォローアップの活動を適切に取り入れることができます。

　旋律の動きを指で表すという活動は，一人ひとりの指の動きから，どのように旋律の動きを捉えているかというところまで把握することができます。そのため，例えば，激しく動く旋律，なめらかに動く旋律，同じ音型を繰り返す旋律，上行する旋律，下行する旋律など旋律の特徴を捉える学習に効果的です。音楽を聴きながら指揮をするという活動も同様に，一人ひとりの指揮の様子から，どのように音楽を捉えているかというところまで把握することができます。拍子，速度，強弱，曲想の変化など，音楽の特徴を捉える学習に効果的です。また，目に見えるサインを送ることで一人ひとりの生徒が能動的に取り組めるようになります。さらに，互いのサインを見て生徒同士が学び合うこともできます。

（勝山　幸子）

## ㊷鑑賞　全学年

# 知覚・感受を関わらせて記録し，音楽の語彙を増やそう

**関連する主な指導事項：B鑑賞　ア(7)　イ(7)　〔共通事項〕(1)**

　鑑賞の学習では，教室に鳴り響く音や音楽から知覚したことと感受したことの関わりについて考え，それらのつながりを理解する学習活動にある程度の時間をかけることとなります。一般的に知覚と感受との関わりについて考える学習活動にはワークシートが用いられ，聴き取ったことと感じ取ったこととを整理してまとめ，例えば「子をなだめようと感じたのは旋律の音が低かったからだ」と実感したら，ワークシートに自分で記載した「子をなだめようとしている」と「低い」の記載を線で結んでおくように促すなどのことがよく行われていると思います。

　ただ，生徒がその時間，知覚と感受との関わりについて実感を伴って捉えたとしても，少し時間が空いて次の鑑賞の題材の学習を行ったときに，それまで理解した知覚と感受との関わりがどの程度定着しているかということについては，課題であると感じていました。

### ❶実感して理解した知覚と感受との関係を記録しておく

　そこで，鑑賞の題材の学びをつなげるために「音楽を形づくっている要素」の８つの言葉を記したシートを用意しておき，鑑賞の学習の１時間の終わり，または題材の終わりに，その学習で理解した知覚と感受との関わりについて記しておく方法を紹介します。これを「知覚・感受シート」と呼ぶことにします。例えば，「春」（A.ヴィヴァルディ作曲）を教材とした学習で，「黒い雲を感じたのは，弦楽器の低い音が大きな音で演奏されていたから」「強弱が小さかったから，そよ風

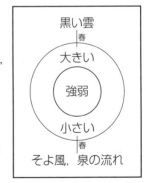

や静かに流れる泉を感じた」などと捉えた生徒は，学習の終わりに「知覚・感受シート」に記載されている音楽を形づくっている要素のうち，「強弱」の部分に前頁の図のように記すことになります。例として「強弱」を取り上げましたが，「音色」「リズム」「速度」などの他の要素についても，同じ要領で記します。このシートの記述には，長い時間をかけることはなく，授業や題材の終わりの数分間を確保するだけでよいでしょう。

### ❷鑑賞の学習ごとにシートに追記して活用する

　新たな鑑賞の学習に入るときには，まず，それまでの学習で自分で記載してきた「知覚・感受シート」を眺め，学習の足跡を確認する時間をもつとよいでしょう。そして，新たな題材の学習が進んできたら，これまでと同じように，少しだけシートを整理する時間を取ります。例えば，「魔王」（F. シューベルト作曲）を教材とした学習では，「始め，子供の声が小さく始まることで，怯えている様子を表している」「魔王は小さい声で歌うことで妖しく誘う感じを出していたが，突然大きな声になり，無理矢理連れて行くような感じを出している」などと捉えた生徒は，右の図のように追記することとなります。このシートに記述を蓄積していくことで，これまで自分が考えてきた知覚と感受との関

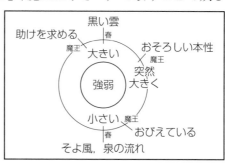

わりが一目瞭然となり，学びが分断されがちな鑑賞の学習同士をつなぐことが可能になります。

　年度のはじめに紙媒体で配付し，1年間を通して活用することも可能ですし，タブレット端末のホワイトボードアプリケーションなどを活用する方法もあります。端末を活用することで，手軽に作成・保存が可能となるとともに，年間を通して3〜4人の小グループで，一つのシートを共有しながらつくり上げることで，生徒同士の会話が生まれ，主体的，協働的に生徒の学びが広がっていくことも期待できます。

（山下　敦史）

鑑賞

# いろいろな色で
# 表そう

関連する主な音楽を形づくっている要素：全ての要素

　鑑賞の授業では，曲を聴いて感じたことなどを言葉で伝えたり記述したりする場面があると思います。歌唱や器楽であれば，言葉にすることが苦手でも，実際に演奏することで表現できるという場合もありますが，鑑賞では，言葉で伝えることがより重要となります。しかし，「思っていることはあるけれど，うまく言葉にできない」という生徒も少なからずいるのではないでしょうか。それが鑑賞は苦手だと感じる一因になっているようにも思います。

　そこで，まずは曲を聴いた印象を何かに例えてみたらどうだろうかと考えました。それは，生徒の言葉を聞いていると「○○っぽい」といった抽象的なものが多いように感じていたからです。では，何に例えたら分かりやすいだろうか，と考えたのが色です。

## ❶できるだけたくさんの色を準備

　この活動には，折り紙を使います。できるだけたくさんの色が入っている折り紙を準備します。同じ色でも，濃さや明るさなどに違いが出るようにするためです。それをマグネットで黒板一面に貼っておき，曲を聴きながら，自分のイメージに合う色を選んでいきます。黒板の折り紙は，代表の生徒に選ばせ，その他の生徒はワークシートに「濃い赤」などと書いたり，色鉛筆などで塗らせたりします。

　はじめのうちは何を選んだらよいか分からないという生徒もいますが，まずは直感で，何となくでもよいので選ばせるようにしていきます。そして，選んだ色を仲間と共有します。似たような色を選んだ生徒同士は，「そうだよね！」とうなずき合い，全く違う色を選んだ生徒は「えっ，何で？」と聴き合い，自然と交流が生まれます。

## ❷少しずつ言葉にしていく

　交流の時間では，「なぜその色を選んだのか？」を言葉で伝え合うことが必須となります。そのため，生徒たちは何とか言葉を紡いで自分の思いを伝えようと試行錯誤することになります。うまく言えない生徒も，似たような色を選んだ生徒の言葉を聞いて，「自分も同じだ！」と感じることで，「そうか，こんな言葉を使うと伝わるのか」という気付きにつながっていきます。

　生徒の実態にもよりますが，音楽を形づくっている要素に関わる言葉を用いて説明するようにできると学習がより深まります。曲を初めて聴き，いきなり文章を書くというのは大人でも難しいと思います。この活動は慣れれば慣れるほど，生徒たちはこだわって色を選ぶようになり，それに伴って言葉で説明する力も高まっていきます。

## ❸多様な意見であふれるように

　この活動で聴かせる曲については，標題音楽のように情景や場面を想像しやすいものが適切です。あらかじめ曲名を伝えておいても，伝えずに聴かせてもよいでしょう。静かでなめらかな旋律を聴いて「水色」と感じる人もいれば，「濃い青」「薄いピンク」「クリーム色」などと感じる人もいるでしょう。同じような理由なのに，選んだ色は違う，ということも考えられます。色が無限にあるように，生徒たちから多様な意見が出て，それを共有することで鑑賞の経験値が上がっていき，鑑賞を楽しめるようになると思います。

　常時活動として行う場合は，曲を全て聴かせる時間が取れない場合もあると思います。部分や場面ごとに分けて数回に渡って聴かせたり，雰囲気が変わる部分に絞って聴かせたりすることも可能ですが，最終的には必ず曲を通して鑑賞するようにしてほしいと思います。また，作曲者の意図について伝えることも必要です。そのときには，作曲者の意図とは違う感じ方をしても間違いではないことを伝えた上で，改めて鑑賞してイメージが変わったか，などを交流するのも面白いです。ICT機器なども活用できると，より効果的な活動ができるのではないかと思います。

（小林　美佳）

鑑賞

# その音楽は
# どうして生まれた？

　今現在も，社会の変化や文化の発展とともに，様々な音楽が世界中で誕生しています。音楽の在り方や私たちと音楽との関わり方については，特に，コロナ禍の中で大きな変化がありました。このような音楽が存在する背景に目を向けることは，音楽の捉え方を広げ，日常生活の中で親しんでいる音楽も含めて音楽文化について考えることにつながります。

　音楽が常に生まれ，社会に大きな影響を与えたり，また音楽自体が社会から大きな影響を受けたりすることによって，発展・変化してきたという視点をもてるようにすることは大切なことです。このように，音楽とその背景との関わりに目を向ける大切さを常に示し続けることによって，音楽をより深く聴き味わうことに結び付けていきたいものです。

## ❶ 「なぜ，その音楽が存在するのか」を考える

　生徒が音楽と出会った際に，その音楽の特徴を捉えていく過程において，合わせて次のようなことを含めて考えることを，常時活動として位置付けてみてはいかがでしょうか。例えば，次のような視点を示します。

・どのような理由で生まれたのだろうか？

・いつ頃，どこの国（地域）で生まれたのだろうか？

・どのようなときに演奏され，人々はどのように関わっていたのだろうか？

　「B鑑賞」では，「生活や社会における音楽の意味や役割」について考えることが事項として示されています。生活や社会における音楽の意味や役割とは，教材として取り扱う音楽が人々の暮らしの中で，また集団的な組織的な営みの中でどのような価値をもち，どのような役割を果たしていたかということです。

音楽を聴くときに，その音楽が成立した背景や演奏されたり聴かれたりしていた状況などについて想像することは，そのときにその場所に生きていた人々が音楽とどのように関わっていたのかを考えることになります。例えば，民謡は労働や祭りなど人々の営みと結び付いて生み出され大切にされてきたことに目を向けられるようにします。そして，音楽の特徴とその音楽がどのような地域で人々の暮らしと関連しながら発展してきたのかを合わせて考えられるようにしましょう。さらに他の民謡を聴いて音楽の特徴を捉え，どのような地域の音楽でどのようなときに歌われていたのか，などの音楽が成立した背景などを想像しながら聴いてみるよう促してみましょう。

### ❷「音楽が，自分にとってどのような意味があるのか」を考える

　さらに，生活や社会における音楽の意味や役割を踏まえ，「現代においてどのような意味があるのだろうか？」「自分にとってどのような意味があるのだろうか？」のような視点を示してみましょう。そして，その音楽が時代を経て，今でも存在し続けていることに着目し，現代の人々がこれらの音楽をどのように受け入れているかについて考えることも有効です。当時の人々が聴き親しんでいたものと同じ音楽を，時空を超えて現代の私たちが聴き親しむことができることは素晴らしいことです。

　例えば，平安時代の人々に親しまれていた雅楽を現代の生徒が聴くことで，当時の人々は，今よりも時間の流れがゆっくりと感じていたのではないかと想像したり，優美な着物に身を包んだ平安貴族の生活に思いを馳せたりするなど，様々なことについて音楽を通して考えることができます。この活動は音楽に対して，根拠をもって自分なりに評価する学習につなげることができます。その際，指導の過程においてその音楽を自分との関係性において捉えられるようにします。例えば，音楽の特徴と生活や社会における音楽の意味や役割を関連させて自分なりに気に入ったところを考え，友達に言葉で説明したり，友達とともに音楽のよさや美しさなどを話し合ったりする活動などが考えられます。このように，生徒が様々な音楽を自分なりの視点で捉え，音楽の存在意義を見いだしていくことが大切です。

（佐藤　太一）

# ㊺歌唱・器楽　全学年

# 音で授業を
# 始めよう

　昨今のコロナ禍の影響もあり，オンラインによる会議や研修の機会が急速に増えました。そして，これらの会議において，開始前や休憩，閉会後などの時間に音楽を耳にすることが多くなりました。音楽があることでその場が和んだり，スムーズに会議に入ることができたりするなど，雰囲気づくりの一助となっていると思います。音楽の授業においても，音で授業を始めることを取り入れてみてはどうでしょうか。

## ❶歌声で授業を始める

　小学校では授業に入る前に，リズム打ちや身体表現をしたり，音と触れ合う時間を確保したりしている場面を比較的多く見かけます。中学校においても音と触れ合う時間を大事にしたいと考えます。

　その日の授業内容にかかわらず，音楽室に来たら，まず歌うことから始めます。声量や表現の上手下手は関係ありません。その形態についても，伴奏を教師が弾いても生徒が弾いても，ア・カペラでも構いません。

　例えば，校歌や生徒会歌，応援歌などの学校の歌，今までに学習してきた教材曲などは，簡単に取り入れることができます。また，授業では深く扱うことはできないけれど，生徒たちにはぜひ触れてもらいたい曲や学級で歌っている曲なども有効です。そして状況によっては複数曲を歌うこともあります。もちろん，歌唱の題材の教材として扱っている曲を取り上げることで，新たな学習課題につながることも大いに想定できます。

　このように，歌声で授業を始めることは，生徒たち自身の授業のウォーミングアップになったり，自分の声を集団の中で出す抵抗感を減らしたりすることにつながります。

一方，教師にとっては，生徒たちの声からその日の様子を知ることもできます。声は生徒たちのバロメーターなのです。「今日は何かよいことがあったな」とか，逆に「叱られたかな」とか，「なんか疲れているな」などなど，生徒たちの声を聴きながら実態を把握することでその後の授業の流れに反映させることもできます。これも小さな授業改善です。

　音楽は，自分の声を精一杯表出することができる教科の一つです。コロナ禍の影響で，教師が思っている以上に生徒たちは自分の声を出すことに抵抗感をもっているという声も耳にします。生徒たちが安心して声を出すことができる（表現できる）場の設定や雰囲気づくりを大切にしてみましょう。

　余談になりますが，学年末最後の授業で1年間で扱った曲全てについて，メドレー形式で歌ってみるのもよいでしょう。1年間で10曲くらい扱ったと仮定すると，1曲約3分として約30分近い時間を歌うことができます。もちろん，ここでも上手に歌えるか否かは問題ではありません。単純計算ですが，中学校生活の3年間で90分のノンストップライブのステージができる。これは芸能人のライブに匹敵する，というよりそれ以上のステージです。そんな音楽を生徒たちと共有できる時間を楽しむことも素敵なことだと思います。

## ❷できる曲から器楽の授業を始める

　器楽の学習においては，多くの生徒たちが演奏できる曲で授業をスタートします。例えば，アルトリコーダーの学習では，運指への不安が少ない「喜びの歌」（L.v. ベートーヴェン作曲）を用います。何度か繰り返し演奏する中で，学習へのウォーミングアップはもちろん，即興的に楽しみながらテンポや強弱を変えたり，マルカート奏，レガート奏で演奏したりするなど音楽を形づくっている要素をさりげなく変化させることで，今後の学習への活用も期待できます。

　また，授業の締めくくりの場面においても「できた」という思いで終わりにすることを大事にしたいと考えます。そのために，クールダウンと称して「喜びの歌」を全員で演奏して終わることも有効です。

（荒井　和之）

## ㊻歌唱・器楽　全学年

# 音の重なりを
# 感じて歌おう

**関連する主な音楽を形づくっている要素：テクスチュア**

　合唱の授業を行う際，各パートの重なり方が不安定なためにハーモニーが
うまく構築できていないと感じてしまう場面で，各パートの音程を確認する
などしてハーモニーを整えても，次の時間になるとまた崩れている…という
ことはないでしょうか。このような場面は，音程を正しく歌うことと同時に，
他パートとの関係性の中で自分の音程をつくりだすことが求められます。

　例えば，自分のパートが和音の第3音を歌うような場合，第5音と根音の
間に自分がいる（和音の中の自分の位置）という感覚を高めていることが大
切で，この感覚が高まっていないと，生徒は音程を直し続けられる授業を受
けることになってしまいます。そこで，私は次のような楽曲を用いて，年間
を通じて授業の冒頭に位置付け，この曲から授業が始まるようにしています。

出典：歌はともだち（教育芸術社）

　そして，この楽曲を用いる常時活動は次のように進みます。

① 　楽譜通り，ヘ長調で斉唱
② 　ニ長調からイ長調の間で先生が選択した調に移調し斉唱。
③ 　ヘ長調に戻しカノンで合唱（男声 or アルト→ソプラノ→アルト or 男

声）。

④　ニ長調からイ長調の間で先生が選択した調に移調しカノンで合唱。

　カノンで歌う際に，最初に歌い出したパートが最後の音をフェルマータするタイミングで，後から重なってきたパートが同時にフェルマータすることで，ハーモニーを構築できるようにします。このようにすると，和音を構成する根音，第3音，第5音を手がかりに，和音の中の自分の位置を意識しながらハーモニーをつくっていくことにつながります。これらは授業冒頭の常時活動として行いますが，そこでは①〜④のような観点をもって生徒を観察しましょう（番号がそれぞれ対応しています）。

①　息の流れ，身体の使い方など歌唱技能を生かした歌い方ができているか。

②　調が変化しても正しい音程をつなげながら歌えているか（移動ド）。

③　フェルマータ時に第3音が正しい位置にあることによって生まれるハーモニーを感じているか。

④　移調しても③と同様のことができているか。

　私たちは音楽の授業でプロの音楽家を育成しているわけではありません。しかし，あるべきハーモニーを生徒がある程度構築することができるようになることは，その楽曲のもつよさや美しさを感じ取ることにつながります。したがって，それを構築するためのある程度の技能と感覚を高められるようにしていくことを大切にするために，常時活動としてぜひ取り入れてみましょう。ちなみに私は全校音楽集会でもこの活動を取り入れています。全学年の授業で取り入れているため新たに音程を確認する必要はなく，進め方も授業で体験しているので特に準備をしなくても扱うことができます。

　この楽曲を用いた常時活動は，アルトリコーダーを扱う器楽の時間にも活用できます。例えば，斉奏でタンギングや息の流れを整える，移調すると♯や♭などの運指のトレーニングに，少人数でアンサンブルのようにカノンで合奏しリコーダーのハーモニーの響きを感じ取るなど，活用の仕方は先生のアイデア次第でどんどん広がっていきますので挑戦してみましょう。

（西澤　真一）

# 曲の一部分に
# こだわろう

関連する主な指導事項：A表現(1)歌唱　ア　(2)器楽　ア　　B鑑賞　ア(ウ)　イ(ウ)

　曲の一部分にこだわることについて，実は，部活動などの指導では当たり前に行われてきたり，実際に体験してきたりした先生方も多いのではないでしょうか。例えば，吹奏楽において，曲の冒頭部分にこだわり，雰囲気に合うトランペットの主旋律の音色を追求したり，曲の展開部に向かう様々な楽器の音の重なりや強弱増減について試行・思考を繰り返したりして納得解を導き出す場面は想像しやすいものでしょう。

　日常の授業においては，生徒を主語として教材曲の一部にこだわる（限定する）ことにより，学習問題や学習課題を自分事として捉えた学びの一助となることが期待できるのではないかと考えます。

## ❶歌唱分野・器楽分野の学習において

　歌唱，器楽いずれにおいても，ICTの活用により曲の一部分にこだわった活動がよりやりやすくなります。例えば，曲中で自分の表現にこだわりをもったり，思いを伝えたりしたい部分についてその楽譜の一部を写真に撮ります。書き込み機能を使用し，その部分について曲そのもののもつイメージや自分の思いを記述します。そして，その思いや意図に迫るために，思考・判断のよりどころとなる主な音楽を形づくっている要素を視点として，録音（録画）・再生機能を活用し，実際に歌ったり演奏したりしながら，試行・思考を繰り返します。

　もちろん，直接的な対話やクラウドを介した情報の共有を通して友達の考えを知り，自分の考えをよりよいものにしていきます。その結果，導き出した納得解について，書き込んだものと音声とをプレゼンテーションのシートにまとめ，友達と共有します。一部分にこだわり焦点化することは，生徒た

ち自身の追求のしやすさにもつながります。さらには，表現を工夫する際の一つの学び方として，他の題材での学びに活かされることも期待できます。

### ❷鑑賞領域の学習において

　鑑賞領域の学習において，表現活動を取り入れることもあるかと思います。例えば，歌舞伎「勧進帳」を教材とした題材において，長唄を体験する活動を位置付けます。安宅の関に義経一行が到着する場面，「これやこの　往くもかえるも別れては　知るも知らぬも逢坂の　山かくす（以下略）」の一節です。「我が国や郷土の伝統音楽」において実際に声に出す活動は，いわゆる西洋の音楽と異なることもあり，とまどう姿も想定されます。

　そんなときは，体験する場面を限定することでそのハードルを下げることができます。「これやこの」の部分に限定することでも長唄の雰囲気を味わうことができます。

　話は逸れますが，「我が国や郷土の伝統音楽」とICTの活用は親和性が高いと考えられます。日本の音楽は歌い継いだり，語り継いだりして口から口へ，人から人へ伝えられているものが数多くあります。地域の指導者や外部講師がいない場合でも，自分の端末を介して動画等で学ぶことができます。授業では，生徒たちは指導者用デジタル教科書やインターネット上の動画や音声などの模範演奏を聴いたり，真似をしたりしながら学んでいきます。また，自分の声や姿を録音・録画したものを聴き返したり，模範演奏と聴き比べたりすることから，声の音色や節回しなど長唄の特徴に気付くことも考えられます。さらには，一部分に限定しながらも音楽表現の共通性や固有性に触れたことにより，「勧進帳」のそのもののよさや美しさを味わうことにも発展します。

　いずれにおいても，何にこだわるのかが大事なポイントになります。曲の一部分に限定するこだわりに加え，その題材の学習において，思考・判断のよりどころとなる主な音楽を形づくっている要素を限定するこだわりにより，生徒たちが自分事として学ぶ一助にもなるでしょう。

（荒井　和之）

歌唱・器楽・鑑賞

# ㊽器楽・創作　1年

# アドリブに挑戦しよう
# （リズム編）

　創作の授業において，最初から表したいイメージを明確にもっている生徒はごくわずかでしょう。そのため様々な表現を試し，その効果や感じたイメージを共有する場面をつくることが大切だと考えます。音を出すことを楽しみながら，創作の導入として使える活動を紹介します。

## ❶同じ〇〇・違う〇〇で返そう！

　リコーダーの運指や音高を全員で確認しようという場面で，教師が「ド・レ・ミ・はい」と見本を吹いて投げかけ，生徒も「ド・レ・ミ」と真似をするような活動は，どなたもご経験があると思います。その真似に当たる部分を変化させながら，次の譜例のように教師⇒生徒（１人）⇒教師⇒生徒（次の１人）…と交互に演奏をつないでいきます。

例１：同じ音色・違うリズムで

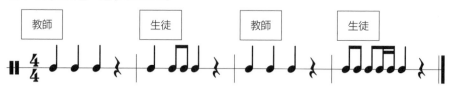

例２：同じリズム・違う音色で（ボディパーカッションの場合）

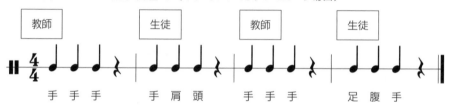

最初の例示を教師がし，その後は生徒⇒生徒⇒生徒…とつないでいくことも可能です。生徒同士でつないだ方が，スリルがあって盛り上がりますが，いずれの場合もできるまで挑戦させるというより，怖がらずに即興的に音を出してみることを大切にし，とっさに出たものや間違いも許容しながら進めていくことが楽しい活動になるコツです。

　この演奏を全員で聴き合うことで，「リズムを細かくすると，急いだ感じになるな」「手拍子で終わると締まった感じがするな」「音色を変えると動きも変化して面白い」と，それぞれの要素の変化による効果を感じ取ることができます。全員が「おお！　すごい！」となるようなアイデアについては，演奏を止め，もう一度演奏させて音で確認したり感想を交流したりするなど，すごいと感じた点を明らかにしておくとよいでしょう。

### ❷フィル・インを入れよう

　フィル・イン（Fill in）とは，メロディーが伸びている部分や休符の部分に，隙間を埋めるように即興的に短いフレーズを入れることです。2ビートや8ビートといった基本のリズム・パターンを用いて4小節ごとにフィル・インを入れるという活動も考えられますが，生徒にとっては知っているメロディーの間を埋める方が取り組みやすく，その効果も感じやすいようです。

例3：江間章子作詞・中田喜直作曲「夏の思い出」にフィル・インを入れる

　「どのようなリズムを入れようかな」から始まる活動ですが，「音数を増やしたらフレーズとフレーズがつながったな」「意外性を出すために1発だけにしよう」と次第に意図が現れます。また，知っているメロディーの構成を理解し，再発見するきっかけにもなるでしょう。

（渡辺　景子）

## ㊴器楽・創作　２・３年

# アドリブに挑戦しよう（旋律編）

**関連する主な音楽を形づくっている要素：旋律,テクスチュア**

　前項の活動を応用して旋律創作のウォーミングアップをしていきましょう。

**❶同じ○○・違う○○で返そう！**

　どの要素で違いを出すかによって，創作のアイデアを広げることに加え，奏法の確認や楽器の特徴の理解に役立ちます。例１は箏の例ですが，親指で３本の弦を順に弾くという奏法をそろえ，開始の弦を変えることで音高を変化させて返します。奏法の確認だけではなく，調弦に興味をもつきっかけにもなります。

例１：同じリズム・同じ運指・違う音高　※箏・平調子

　リコーダーを扱う際には運指の確認だけではなく，タンギングや息の表現に注目させ，その効果を確認することも大切と考えます。

例２：同じ旋律・違うアーティキュレーション　※リコーダー

　このような活動に慣れたところで，少し自由度を上げていきます。例３の場合は，前の人の終わりの音から次の旋律を開始するというように，しりとりの要領でリレーしていくことも可能です。

例3：同じ開始音・違う旋律

## ❷フィル・インを入れよう

　旋律のフィル・インというとリズムよりも難しそうですが，常時活動では
なんだか合わないなと感じるものも許容していくとよいです。どのようなと
きに「しっくりくる」「かっこいい」と感じるのかを分析していくことで，
その後の創作活動のヒントとなります。

例4：箏曲「さくらさくら」の冒頭部分に合いの手を入れる

例5：江間章子作詞・中田喜直作曲「夏の思い出」にフィル・インを入れる

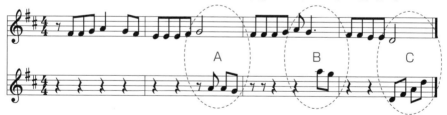

　Aのようにメインとなるメロディーの前後をなめらかにつなぐようなも
のを入れる場合には，先ほどのしりとりの活動が役立ちます。Bは同じ旋律
を繰り返した例，Cは分散和音を挿入した例です。「すごい！　もう一度演
奏して！」とリクエストしても再現できない場合があるので，録画したもの
を聴き直したり教師が楽譜に起こしたりして演奏効果を確認するとよいでし
ょう。

（渡辺　景子）

## ㊿器楽・創作　全学年

# ペンタトニックで
# 遊ぼう

　ここでは，授業のオープニングやエンディングにオススメの，短時間でできるペンタトニックを使った活動を紹介します。

### ❶ノリノリのペンタトニック～鍵盤楽器の黒鍵を使って～

　授業のオープニング（ウォームアップや導入）にオススメの活動です。「一人８拍（16拍）」などと長さを決めておき，黒鍵だけを使ってアドリブで旋律をつくり，リレーしていく活動です。楽器は鍵盤ハーモニカが便利ですが，感染症が流行しやすい時期にはキーボードやオルガン，鉄琴・木琴などを総動員して行うとよいでしょう。１人１台端末の鍵盤楽器のアプリを使って行うこともできます。

　はじめのうちは，リズムを指定しておくと活動がスムーズです。運動会の応援でおなじみの「三・三・七拍子」のリズムが断然オススメです。小学校の音楽の教科書にも取り上げられていますが，シンプルで覚えやすく，反復と変化ができやすいリズムでもあります。慣れてきたら，自由なリズムで楽しむのもよいでしょう。「教師→Ａさん，教師→Ｂさん，教師→Ｃさん…」と間に教師が入って，呼びかけとこたえのようにしても楽しいです。もちろん，ペアを組んで交互に演奏するのもよいでしょう。

　電子オルガンやキーボードなどに内蔵されているリズム・パターンを流しながら行うと，楽しい雰囲気を演出できます。"黒鍵だけをどんなに適当に弾いてもいい感じに聴こえる"という伴奏音源が動画配信サイトで紹介されているので，そういったものを活用するのもオススメです。

　慣れないうちは，リズムに乗れない生徒や音が出せない生徒もいると思いますが，そこは教師が明るい雰囲気で盛り上げ，うまく乗り越えましょう。

### ❷癒しのペンタトニック〜トーンチャイムを使って〜

授業のエンディングにオススメの，トーンチャイム（鈴木楽器製作所）を使った活動を２つ紹介します。これは「ドラムサークル」でもよく行われている活動です。使う音は「ドレミソラ」や「ファソラドレ」，または派生音（黒鍵の音）の５音です。生徒はトーンチャイムを１人１音ずつ持ちますが，数が足りない場合は，クラベス・ウッドブロック・ギロ・鈴・カバサといった小物打楽器や，太鼓系の楽器などを混ぜてもかまいません。

（ア）エイトカウント

はじめに「１〜８の中で好きな数字を一つ選び，その数のところで音を鳴らします。３を選んだら３拍目で音を鳴らすということです」とルールを確認します。教師が拍をとり，生徒は自分が選んだ数字のところで音を鳴らします。美しい８拍の音楽ができあがります。止めずに何度か繰り返して「その音楽」を味わったら，選ぶ数字を変えてやってみます。一瞬で音楽が変わります。選ぶ数字を二つや三つに増やすと，音楽の厚みが変わります。

（イ）地球一周

はじめに「私が腕を時計の針のようにぐるりと一周する間に，皆さんはどこかで１回（または「何回」と回数を決めておいて）音を鳴らします」とルールを確認します。やってみると，「拍節的でない」「偶然の」「不思議な」音楽が生まれます。（ア）のエイトカウントとは違い，鳴らすタイミングは自由なので，腕を回すたびに新しい音楽が生まれます。自分以外の人はどこで鳴らすのか，お互いの息づかいを感じられるのも楽しいです。腕を回す速さを変えることで，音楽のエネルギーも変化します。

ここで紹介した活動は，どれも特別な練習を必要としません。参観日や文化祭などで，みんなと一緒に音楽を奏でて楽しむのも素敵ですね。

（波場　智美）

参考文献：飯田和子ほか著（2014）『教師と指導者のための実践ガイド　はじめてのドラムサークル』音楽之友社

# �51 器楽・創作　全学年

# 即興リズムで
# 楽しもう

関連する主な音楽を形づくっている要素：リズム,旋律,テクスチュア

　中学校では小学校に比べ，生徒たちが楽器に触れる機会は減ってしまいがちです。しかし，中学生になっても生徒たちは楽器が大好きです。特に打楽器は，手に取ればつい音を出したくなってしまう，そんなアイテムだと思います。ここでは，身近な打楽器や，身の回りの「いい音が出るもの」を使い，即興的にリズムを奏でて楽しむ活動を紹介します。

### ❶楽器がない？→身の回りのものが楽器に大変身‼

　「楽器は使いたいけれど，生徒の人数分そろわない」というのは，多くの学校に共通する悩みでしょう。身の回りの物で，素敵な音色の物を探してみましょう。

| 段ボール箱 | かなりいい音がします。コピー用紙の箱なら学校でも手に入りやすく，大きさも手ごろで扱いやすいです。（話は逸れますが，雅楽「越天楽」の授業で，鞨鼓を体験するための代理楽器として，段ボール箱とマレットを使っている先生がいました。生徒たちはとても楽しそうでした） |
| --- | --- |
| ポリバケツ | サイズや厚さ，打つ場所や道具によって音色が変わります。容量が100L前後の大型のものは，程よい低音が得られます。 |
| 紙コップ | 机がある音楽室なら，かなりオススメです。コップの円いフチの部分を全て打ち付ける場合と，斜めにして一部だけ打ち付ける場合，底の部分を打ち付ける場合で，全て音色が変わります。 |
| 蓋付きの飲み物の容器 | きれいに洗って中にビーズなどを入れれば，シェイカーとして使えます。粒の大きさを揃えると，音色がまとまります。 |

　この他，レジ袋や新聞紙，ビンやカンなども素敵な楽器になります。

### ❷即興リズムで楽しもう

【真似っこリズム・リズム回し】

　まずは教師が４拍〜８拍程度の簡単なリズム・パターンを即興的に示し，

それを生徒が真似をする，というのが取り組みやすいでしょう。慣れてきたら，リズム・パターンを示すリーダー役を，生徒に回していきましょう。小学校ではよく「先生→みんな→Aさん→みんな→Bさん→みんな→Cさん…」という方法でリズム回しをすることがあります。この方法は一度覚えてしまえばいろいろな場面で使えるので便利です。生徒の「うまくできなかったらどうしよう」といった不安を取り除くためには，「黒板に困ったとき用のリズム・パターンを掲示しておく」「パスもOKにしておく」「教師がリーダーのときに易しいリズムでたくさん遊んでおく」などがポイントです。

【リズムでおしゃべり】

　ウッドブロックの右と左，太鼓の皮の部分と枠の部分など，音高や音色の違いを生かすと，会話のようなリズム遊びができます。これは，手作り楽器でもできる活動です。例えば，「言葉の抑揚に合わせて二つの音色を使い分け，好きな食べ物の名前を表す」といった課題や条件を示して，次のような活動ができます。

| □ | □ | □ワッ | □ワッ |
|---|---|---|---|
| メ　ンパン | メ　ンパンク | ク　　サンク | ク　　サン |

　「なんと言っているでしょうか」とクイズにして出し合ったり，言葉のリズムをつなげて鳴らしたりするのも楽しいです。旋律づくりの導入にもオススメです。

【ドラムサークルのように】

　みんなで輪になり，それぞれが思い思いのリズムを打楽器で奏でてアンサンブルを楽しむ「ドラムサークル」という活動があります。その活動には，セロトニンの分泌を促し，心を安定させたり前向きな気持ちにさせたりする効果があるそうです。例えば授業の最初の5分間，ただただ心地よいリズムの波に浸り，身体に伝わる振動を感じながら，仲間と一緒に音楽を奏でる時間をつくってみてはいかがでしょう。きっと素敵な時間になるはずです。

（波場　智美）

# 即興的にリズムを
# つくってつなげよう

**関連する主な音楽を形づくっている要素：音色,リズム**

　この常時活動は，タイトルのとおりの活動です。一人ひとりが即興的につ
くった1～2小節の短いモチーフを，メトロノームなどに合わせて拍の流れ
に乗って手拍子や打楽器などを使って順番につなぎ合わせて演奏する活動で
す。創作の題材はもちろん，器楽の題材の常時活動としても成立しますので，
そのような学習を行う際，授業の冒頭で生徒の気持ちをほぐすためにも位置
付けてみましょう。この活動を行う際は，教師が「ねらい」を意識して位置
付けることが大切です。その例をいくつか挙げてみますので，授業に合わせ
て考えてみましょう。

### ❶小学校音楽づくりの「即興的に音を選択したり組み合わせたりして表現する技能」を補完する

　小学校低学年の学習で盛んに行われる学習なのですが，意外にこれができ
ない生徒が多いかもしれません。また，前の人のリズムを真似て演奏する生
徒や，一人で演奏をすることに抵抗感を示す生徒が多くいるときにも，この
ような活動を継続的に取り入れ，ぜひ補完してあげてください。

　❶の「ねらい」で活動するときには，ごく簡単な条件を示すとよいでしょ
う。例えば，「♩だけではなく，一回だけ♫を使う」「どこかに休みを入れ
る」「できれば，前の人と同じリズムにならない」などのような条件です。
これは，生徒がいくつかのつくりたい音楽を実際の音や音楽でつくり，それ
を自分の思いや意図に合わせて吟味するといった表現の創意工夫の活動を行
う際に，上記で挙げたような抵抗感を軽減することにつながります。クラス
の人数が多いときはグループ化するなどして，短時間で行えるよう工夫して
ください。

## ❷中学校創作の「音の重なり方や反復，変化，対照などの構成上の特徴」（知識）を実際の音楽から感じ取る

創作の学習では標記のことを思考のもととして表現の創意工夫をする学習が行われます。鑑賞や他分野の学習でも反復・変化・対照などを扱うので，言葉の意味は理解していると思いますが，これらを体験する活動が不足しているときは，どのような効果を生むかについて体感できていないことが考えられます。この活動では次のような図を提示し，役割分担をした上で始めるとよいでしょう。

| A グループ | | | | B グループ | | | |
|---|---|---|---|---|---|---|---|
| もと | a | a | b(b') | c | ca | ca | b : |

Fine

※a：反復　　b：変化（b'：終わり）　　c：「もと」の対照　　ca：cの反復

対照は，「もと」とは異なるリズムを即興的に考え演奏する必要があるので，この活動は慣れないと少し難しく感じるかもしれません。ただ，このような活動を創作題材の常時活動として行っていくことで，次第に音楽の構成やabcそれぞれの役割や効果を感じ取ったりすることにつながっていくことが期待できます。最初はあまり無理をせず簡単なリズムを「もと」のリズムとして設定するなどして，活動が成立するよう配慮しましょう。慣れてきたらabcを分担する生徒を入れ替え，役割のもつ効果を体感できるようにしてみてください。

## ❸拍の流れに乗って表現することのトレーニング

器楽アンサンブルなどの場面で，一人の生徒が間違えたことによって音楽が止まってしまうことがあります。生徒の意識として間違えたらその部分から演奏し直すことが当たり前になっている生徒が多いときは，❸をねらいとして，拍の流れを意識する常時活動にしてみてもよいでしょう。その際の条件は一つ。「前の人が間違えても，絶対に次の1拍目から演奏する」です。何があっても止まらずに最後まで演奏を成立させる，そんな意識の醸成も大切です。

（西澤　真一）

## (53)器楽・創作　全学年

# 箏で
# 即興リレーをしよう

関連する主な音楽を形づくっている要素：旋律,リズム

箏は和楽器の学習において，多くの学校で取り入れられているのではないかと思っています。器楽分野で箏曲「さくらさくら」などを演奏したり，創作分野で箏を用いた旋律創作に取り組んだり，箏にはいろいろな可能性が秘められています。ここでは，それらの学習につながる，箏を用いた即興的な表現の常時活動を紹介します。年間を通しての活動は難しいと思いますが，箏を用いた学習の導入で生かせるのではないかと思っています。

### ❶「箏で即興リレーをしよう」の進め方

箏の基本的な奏法について学んだ後に取り組むとよいでしょう。２小節（７拍程度）で即興的に旋律を演奏し，それをつなげていくという活動です。

はじめは４分音符で７拍分（８拍目は休符），最初は必ず七の絃から始めるなどのように条件を設定するとよいでしょう。平調子に調弦された箏を用いれば，順次進行を基本に演奏するだけでなかなかよい感じの旋律になること間違いなしです。速度設定は遅めの方がよいでしょう。リレーなので，前の人の演奏を受けて演奏を始めるという意識をもたせるとよいでしょう。

箏の学習で何面の箏を準備できるかにもよりますが，例えば，36人学級で12面（３人で１面）を準備しているのであれば，12人が続けて演奏できることになります。終わったら演奏する生徒が交代して同じように12人が続けるといったような感じです。２回目からは始める絃を変更したり，どの絃から始めてもよいようにしたりするなど少しずつ自由度を増していってもよいで

しょう。また，4分音符で7拍分のリズムについても8分音符を含めてもよいようにするなどして自由度を増していくことも考えられます。

❷ 「筝で即興リレーをしよう」の応用編

　学習が進み，右手や左手のいろいろな奏法を学んだら，条件として演奏の中にそれらの奏法を含めることを条件として設定してもよいでしょう。例えば，「必ず『合わせ爪』か『かき爪』を1回以上入れましょう」といったような感じです。

　慣れてきたら，日本の音楽ならではの雰囲気を味わわせるアイデアとして，2小節7拍という曲の長さの指定をせず，自由に演奏してよいことを伝え，次に演奏する生徒は，前の生徒の演奏が終わったと思ったら，始めるようにしてみるのも面白いと思います。日本の音楽ならではの終止感を感じたり，前の人の演奏を聴き取り感じ取って，それにつなげて演奏したりするという体験は「阿吽の呼吸」とでもいいましょうか，日本の音楽らしさを体感できることと思います。

　この即興的な表現そのものが直接創作分野の学習の評価にはならないかもしれませんが，生徒が決められた条件の中で即興的に演奏できているかを評価し，うまくできていない生徒には個別に助言してあげるとよいでしょう。また，器楽の学習として位置付けている場合は，リレー奏に取り組んでいる生徒の演奏の様子を観察し，基本的な技能や学習した奏法が身に付いているかを評価するとともに，技能の習得がうまくいっていない生徒がいる場合は，その後の個別の指導に生かすようにすることが大切です。　　　　　（副島　和久）

# 拍を感じながら
# 運指を身に付けよう

**関連する主な音楽を形づくっている要素：リズム,旋律,構成**

　器楽の学習を行う際，創意工夫を生かした表現で演奏するために必要な奏法，身体の使い方などの技能が求められます。リコーダーやギターなどでは，器楽表現に関わる知識や技能を得たり生かしたりしながら，曲にふさわしい器楽表現を創意工夫することできるよう，基礎となる技能としての運指を身に付けていくことは欠かせません。

　そこで，運指の習得につながる活動を常時活動として位置付けて取り組むことが考えられます。以下は，運指練習のための常時活動例です。

○学習形態…一斉学習，ペア学習

○用意する物…キーボード（メトロノーム機能があるキーボード），リズムカード，コードのカード

○手順（教師対生徒）

① 生徒は，楽器を構え教師を見ます。

② 教師は，キーボードのメトロノームで「4分の4拍子　♩＝60」の拍または8ビートなどのリズムを鳴らします。

③ 教師は拍やリズムに合わせて1小節演奏します。生徒は教師の演奏を真似して演奏します。

※生徒は教師の真似をします。

④ 教師は生徒の実態に合わせて，運指やリズムなどいろいろなバリエーションを交えながら続けて演奏します。

例：

(1)音階の運指

(2)跳躍の運指

(3)リズムを交えた運指

(4)その他

　　　　・スタッカートなどアーティキュレーションを交えた運指

　　　　・ロングトーンで音色や音程を意識しながらの運指　など

⑤　「4分の4拍子　♩=60」に慣れてきたら，速度を速くして演奏をします。

⑥　活動に慣れてきたら，生徒同士のペアで③④を行います。


　様々な短い旋律を反復しながら活動することを通して，ゲーム感覚で楽しく活動できるので，苦手意識をもつ生徒も積極的に参加できるようになることが考えられます。また，この活動を手拍子などで行うことで，様々なリズムを知ったり打ったりすることができるようになるので，リズム創作の題材にも応用できると思います。

（五月女　穣）

# 演奏している楽器は
# 何かな？

**関連する主な音楽を形づくっている要素：音色,旋律,テクスチュア**

　鑑賞の学習を「つまらない。難しい」と感じる生徒がいたとき，どのようにして鑑賞の楽しさを伝えたらよいでしょうか。以前，生徒に鑑賞のどんなところが苦手なのか聞いたところ，「知らない曲をただひたすら聴くことがつまらない」「飽きる」という答えが返ってきました。なるほど，知らない曲というのはこれから学習するので仕方ないとしても，ただひたすら聴くだけで飽きると感じている部分については改善できそうだと思いました。

　確かに，長い曲をひたすら聴くというのは大変です。教師が授業内容を工夫することは当然としても，元々の苦手意識を払拭していく必要があると感じました。そこで，この活動を通して「曲の聴き方にはいろいろな方法がある」「視点を変えると楽しみ方も変わる」ということを生徒に感じてほしいと思い，計画しました。

## ❶楽器への興味を味方に

　全ての中学生に当てはまるわけではありませんが，これまでの経験上，楽器に興味を示す生徒は比較的多いように感じています。普段あまり触れることのないヴァイオリンなどの弦楽器，吹奏楽部が演奏している管楽器や打楽器など，触ってもよいなら触れてみたい，音を出してみたいと思っている生徒はたくさんいます。そのため，まずは楽器に着目させてみたらどうだろうと考えました。

　やり方は，曲の一部を聴いて「この曲の主旋律を演奏している楽器は何でしょう？」と問うだけです。生徒が興味をもち，集中して聴くことができるように，この活動で聴かせる曲はできるだけ耳なじみのよい，主旋律が分かりやすいものを選ぶようにします。特に印象的なフレーズなどがあればその

部分だけを聴かせます。テレビ番組やCMなどで使われているような曲も織り交ぜながら，聴くことへの抵抗感が減るように計画していきます。例えば，「ボレロ」（M.ラヴェル作曲）のように，同じ旋律をいくつもの楽器で演奏しているような曲はこの活動に適していると思います。聴かせる部分を限定することで常時活動に充てられる短い時間の中でも複数回聴くことができ，効率的です。

　生徒は，はじめのうちは当てずっぽうに知っている楽器の名前を答えていくと思いますが，教師は生徒が答えたら必ず「どうしてそう思ったの？」と理由をたずねるようにしましょう。活動によって楽器の知識が増えることで，音色の特徴などに着目して楽器を当てるようになり，理由も明確に説明できるようになります。正解・不正解という結果に一喜一憂するだけだったものが，段々楽器ごとの特徴をつかんで知覚・感受できるようになっていきます。これは，音色を大切にした器楽分野の学習の充実にもつながります。クイズやゲーム感覚から学習につなげていき，生徒がそれを楽しいと感じられるようにしていきたいですね。

### ❷少しずつステップアップ

　1年生はソロの曲から始めて慣れさせていくとよいでしょう。ある程度活動が浸透したら，複数の楽器で合奏している音源やオーケストラの音源などにつなげてステップアップしていきます。そうすると，はじめのうちは楽器の音色に着目していた生徒が，旋律の特徴や音の重なりなど他の音楽を形づくっている要素にも意識を向けるようになっていきます。生徒から「この曲の続きが聴きたい」などという声が上がるようになると理想的です。このようになると，曲を聴くという活動に抵抗感がなくなってきたと考えられます。さらに，可能な限りその楽器の実物を準備するとより活動が深まります。2年や3年で行う場合には，主旋律だけでなく副次的な旋律を演奏している楽器や伴奏を演奏している楽器などを聴き取ることにも挑戦させるとよいでしょう。また，この活動は和楽器で演奏している曲でも可能ですので，我が国の伝統音楽の鑑賞に合わせて計画してもよいでしょう。

（小林　美佳）

# 聴いてみよう！
# テレビの中のクラシック

**関連する主な音楽を形づくっている要素：音色,旋律,リズム,テクスチュア**

　身近な生活の中で，クラシック音楽が用いられていることは珍しくなく，テレビなどの中でもよく耳にします。ここではテレビなどの中で用いられているクラシック音楽を改めて認識し，その音楽が映像との関わりの中でどのような役割を果たしているのかということを考える常時活動のアイデアを紹介します。学習指導要領における鑑賞領域の事項ア(イ)において，「生活や社会における音楽の意味や役割」について考え，音楽のよさや美しさを味わって聴くことが示されていますが，このことを考えるための一つとしても最適ではないかと思います。

## ❶クラシック音楽が登場するテレビ番組やコマーシャル

　例えば，テレビ朝日系列の「ナニコレ珍百景」という番組では，珍百景にズームアップするときのBGMに，M.ムソルグスキー作曲・M.ラヴェル編曲「展覧会の絵」の終曲「キエフの大門」が用いられています。おそらく，多くの生徒が耳にしたことがあると思います。また，テレビのCMであれば，長年，胃腸薬「太田胃散」のCMに使われているF.ショパンの「前奏曲集第7番　イ長調　作品28-7」などは有名ですね。また，ドラマや映画などにも印象的にクラシック音楽が用いられていることが多くあります。このようにちょっと気に留めてみると，意外とたくさんのクラシック音楽がそのまま用いられていたり，アレンジを施されて使われていたりします。まずは，教師が関心をもって，情報を収集してみるとよいでしょう。音楽だけでもよいのですが，実際に使われている画面の映像と一緒に生徒に提示できるようであればさらによいでしょう。生徒の興味・関心はゲーム音楽やYouTubeなどのネットの世界にも広がるかもしれませんね。

## ❷活動の流れと留意点

　毎時間の最初（または最後）の５分程度で行う常時活動とします。生徒は，教師が準備した音楽を聴き，どのような場面で使われている音楽かを予想します。ほとんどの生徒がそのCMを知っていそうな音楽は音源だけでよいでしょうが，そうでない場合は，映像とともに準備できるとよいでしょう。

　活動としては，次のような流れになります。

① 音楽を聴き，どのような場面で使われている音楽かを予想する。

② 教師の説明を聞き，実際に映像を見るなどして確かめる。

③ 教師による「どんな感じがする音楽でしたか？」「それは音楽のどんなところから？」のような発問を通して，音楽の特徴を捉える。

④ なぜ，この音楽が用いられているかを考える（その際に，③で考えた音楽の特徴と関連付けて考えるようにする）。

　教師対生徒の一斉指導の中で進めてもよいし，適宜ペアやグループで生徒同士が相談して考える時間を設けてもよいでしょう。また，次のようなワークシートを準備しておくことも考えられます。

| 　月　日　時間目 | 曲名 | 作曲者 |
|---|---|---|
| どんな場面で使われている音楽か | | |
| 音楽の特徴（聴いたり見たりして感じたことや気付いたこと） | | |
| なぜ，この音楽が用いられていると思うのか | | |

　毎時間，生徒が楽しみにしてくれるような活動になるとよいですね。生徒の興味・関心が高まってきたら，今度は，生徒自身が気になったクラシック音楽を探してきてプレゼンするようなことも考えてみてはいかがでしょうか。生徒が普段の生活や社会の中にある音楽を意識する格好の機会になると思います。このように，様々な音楽に触れる経験は，創作分野の学習での生徒の豊かな発想につながることも期待できます。

（副島　和久）

# 真似してみよう
# （リズム編）

**関連する主な音楽を形づくっている要素：リズム,音色**

　模倣という活動は，音楽科の学習においてはとても大切な学習活動だと思っています。リズムや旋律を聴き取り，それを記憶し，再現するということですが，簡単なようでなかなか奥が深い活動でいろいろな発展性があります。

　ここでは，リズムに着目した「真似してみよう」という常時活動を紹介します。最も簡単な方法としては，クラッピング（手拍子）によるものがありますが，ここでは器楽分野におけるリコーダーの学習と関連付けてリコーダーによる常時活動を紹介します。

### ❶ 「真似してみよう」（リズム編）の進め方

　方法は極めて簡単です。拍に合わせて教師がリコーダーで演奏するリズム・パターンを全員で模倣して演奏するのです（ここではミの音を使用）。まずは４分の４拍子で１小節３拍分（４拍目は４分休符）のリズム・パターンを様々に変化させながら，演奏します。

　これだけでもシンコペーション，付点のリズム，三連符などを含めることで難易度は調整できますので，生徒の実態なども考慮しながら行うとよいでしょう。ちなみに，生徒が慣れてきたら４拍目を休符にしないパターンや，途中に休符を含めるリズム・パターンなども試してみるとよいでしょう。

常時活動は毎時間の最初などに短時間，同じ活動を続けることが大切ですが，生徒が飽きてこないように，生徒の習熟の状況を見ながら少しずつレベルアップしていくとよいでしょう。次に，4分の4拍子で2小節（7拍分）のリズム・パターンを示します。

　2小節が完璧にできるようになったら，4小節に挑戦してみてもよいでしょう。4小節の際は，反復などの構成原理を生かしたリズム・パターンにすると生徒も記憶しやすいですし，構成のことについて学ぶこともできます。

### ❷「真似してみよう」（リズム編）の応用編

　慣れてきたら，常に教師が演奏するだけではなく，教師役を順番に生徒に任せてみてはいかがでしょうか。生徒A（即興）→全員（模倣）→生徒B（即興）→全員（模倣）…といったように，1小節または2小節程度のリズム・パターンを生徒が即興的に演奏し，それを全員で模倣するという方法です。学級の人数にもよりますが，毎時間10名程度の生徒に行ってもらうとよいでしょう。

　小学校学習指導要領の音楽づくり分野では，指導事項の(7)の系列で「即興的に表現する」学習活動が位置付けられており，中学校学習指導要領においても，「指導計画の作成と内容の取扱い」の2(7)で，創作の指導において「即興的に音を出しながら音のつながり方を試すなど」の体験を重視することが示されています。常時活動において，模倣の活動からリズム即興の活動へと発展させていくことで，創作の学習の基盤づくりにもなると思います。教師役を担当した生徒が決められた拍の中で即興的にリズム・パターンを演奏できているかを評価し，うまくできていない生徒には個別に助言してあげるとよいでしょう。なお，リコーダーの学習であれば，教師役を担当した生徒のタンギングの状況や息の量などもチェックして，個別の指導に生かすこともできます。

（副島　和久）

# 真似してみよう
# （３音編）

> **関連する主な音楽を形づくっている要素：旋律,リズム,音色**

　模倣という活動は，生徒のソルフェージュ力を高めるだけでなく，様々な音のつながりによる感じ取りの違いに気付くことができます。ここでは，器楽分野におけるリコーダーの学習と関連付けてリコーダーによる「真似してみよう」（３音編）の常時活動を紹介します。

## ❶「真似してみよう」（３音編）の進め方

　方法は極めて簡単です。拍に合わせて，まずは教師がリコーダーで演奏する３音を全員で模倣して演奏するのです（ここではアルトリコーダーを想定）。あらかじめ３音を指定して４分の４拍子で１小節分となる４分音符３つの音（４拍目は４分休符）を指定した３音の中から選んで演奏します。

　指定する３音は，リコーダーの学習の進度に合わせて例えば，「ド・レ・ミ」「ミ・ファ・ソ」などでよいでしょう。サミングを学んで高い音が使えるようになったら，「ラ・シ・ド」などもよいでしょう。

　最初は「必ずドから始めます」などのように条件を設定するとよいでしょう。さらに，最初は同音や順次進行などを多く使うようにし，少しずつ３度の進行なども織り交ぜて難易度を上げていくとよいでしょう。

　難しい音のつながりについては，何度か繰り返して演奏したり，階名で確

認したりするとよいです。また，上行や下行，同音でのつながりや順次進行，（3度の）跳躍進行による音のつながりなどを取り上げ，「どのような感じがしますか？」と問うことも，生徒が音のつながり方の特徴を捉えるためのよい活動になります。

　常時活動は毎時間の最初などに短時間，同じ活動を続けることが大切ですが，生徒が飽きてこないように，生徒の習熟の状況を見ながら少しずつレベルアップしていくとよいでしょう。次に，4分の4拍子で1小節のうち，3拍分のリズムを変化させたパターンを示します。

　レベルアップは急ぎ過ぎず，生徒の実態を見ながら行ってください。また，模倣をするときは，生徒の気持ちが音の高さやリズムだけに向かいがちだと思います。「リコーダーの音色も先生の演奏をしっかり真似してみよう！」などの声かけを行い，吹き込む息の量やタンギングなどもモデルとなる教師の演奏にしっかりと意識を向けて模倣できるようにするとよいでしょう。

❷「真似してみよう」（3音編）の応用編

　慣れてきたら，常に教師が演奏するだけではなく，教師役を順番に生徒に任せてみてはいかがでしょうか。生徒A（即興）→全員（模倣）→生徒B（即興）→全員（模倣）…といったように，3音の音のつながりを生徒が即興的に演奏し，それを全員で模倣するという方法です。常時活動において，模倣の活動から3音即興の活動へと発展させていくことで，創作の学習の基盤づくりにもなると思います。このときも「最初は必ずミから始めよう」といったようにはじめのうちは条件の設定を狭めておき，少しずつ自由度を上げていくとよいでしょう。適切な条件設定は教師の大切な役目です。また，個々の生徒の演奏を評価し，個別の指導に生かすことは前項に書いたことと同様です。

（副島　和久）

# 聴いて
# 真似しよう

関連する主な音楽を形づくっている要素：リズム,速度,旋律,強弱

　生徒たちに活動を促すとき，ただ単に「やってごらん」と言ったときよりも，「先生の真似をしてごらん」と言ったときの方が，スムーズにできることが多いと感じます。真似することは，生徒たちにとって楽しいことのようです。そんな真似を取り入れた常時活動のアイデアをご紹介します。

### ❶曲の特徴を捉え，曲と仲良くなるための真似

　歌唱の学習で曲の特徴を捉えるために様々なアプローチをしますが，歌詞の音読もその一つです。例えば，次のようなパターンはどうでしょうか。

| 方法 | ねらい |
| --- | --- |
| 棒読みで＆自然なニュアンスで | 表情がないことの不自然さや，表情があることのよさに気付く |
| 大げさに抑揚をつけて | 表現の幅を広げる |
| 楽譜通りの強弱をつけて | 歌詞と強弱との関係を考える |
| リズム読みで | リズムを正確にとらえる |
| 不自然な場所で区切って | 歌詞やフレーズのまとまりに気付く |
| 極端に早口で，ラップ調で，速いと遅いをまぜこぜにして | ぼーっとさせない・活動にメリハリをつける |

　特に「棒読み」「不自然」「極端」は違和感が強いため，笑いが生まれたり，「先生それは変だよ」といった反応につながったりします。「なんで笑ったの？」「どんなところが変だった？」などと問い返せば，音楽を形づくっている要素と関わらせて考えるきっかけになるでしょう。

　はじめて出会う曲や，共通教材に多く見られる文語体で書かれた曲は，最初のうちは学習意欲が上がらない生徒もいそうです。そんなとき，様々なパターンで真似っこ音読をしながら歌詞を口や耳になじませていくことで，「知らない言葉」が「言ったことのある言葉」に変わり，曲との距離が縮ま

っていきます。

## ❷技能の獲得につながる真似

　歌唱や器楽の学習で技能を習得していく際にも，真似は効果的です。ある
フレーズの演奏の仕方を考える場面で，教師が2つほどパターンを示し，
「Aのパターンはこんな感じ」「Bのパターンはこんな感じ」とやってみせま
す。「どっちがこの曲に合っていると思う？」「どうしてそう思うの？」など
とやり取りをしながら表現の方向性を考えつつ，「AとBは何が違うのか
な？　やってみよう」と，実際にやってみます。

　「教師→生徒→教師→生徒…」と真似っこをしながら，「先生そんなに乱暴
じゃないよ。よく聴いて」「あっ！　今のいいね。似てきたよ」など，即座
に感想を伝えます。さらに，「どうして似てきたのかな？　何を変えたの？」
などと問い返し，考えられるようにすることで，演奏の技能につながるポイ
ント（身体の使い方や息の使い方など）を意識できるようになっていきます。

## ❸即興的に表現する力を育む「真似」

　創作の授業では，「生徒が考えすぎてしまい，なかなか音を出そうとしな
い」ということが時々起こります。私たちは正解を求めてしまいがちで，
「こんなことしたら変かな？」「間違っていたらどうしよう？」という気持ち
が働いてしまうのかもしれません。そんなときは，ヒントになりそうな旋律
やリズムを教師が即興的に演奏し，それを生徒が真似る活動を取り入れてみ
ましょう。コツは，「短くてすぐに真似できるもの」を，「テンポよく」です。
生徒たちに「恥ずかしい」「うまくできるか心配」などと考える隙を与えぬ
よう，次々とお題を出していきます。失敗してもいいのです。むしろ，失敗
から笑いが生まれ，生徒に安心感を与え，さらに新たな気付きにつなげられ
ることでしょう。

　教師がやってみせ，生徒が真似をする活動は，音を聴き取る力や聴き分け
る力を育てます。そして何より，ゲーム性があって楽しいのです。

（波場　智美）

表現

# 音符カードで
# リズムをつくって表現しよう

**関連する主な音楽を形づくっている要素：リズム**

　芸術を時間芸術と空間芸術に大別すると，音楽は時間芸術にあたると考えられます。そのように考えると，リズムはかなり重要な要素になると思います。それは，中学校学習指導要領（平成29年告示）解説　音楽編には，以下のように解説されていることからも分かります。

> 　リズムとは，音楽の時間的なまとまりをつくったり，区分したりするものである。リズムに関連する学習では，拍や拍子，リズム・パターンとその反復や変化，我が国の伝統音楽に見られる様々なリズム，間などについて指導することが考えられる。

　また，音楽科の授業で教材として扱う音楽を拍のある音楽と拍のない音楽に大別すると，拍のある音楽を扱うことの方が多いと思います。さらに拍のある音楽を拍子のある音楽と拍子のない音楽に大別すると，拍子のある音楽を扱うことの方が多いでしょう。この傾向の是非は別として，実際そうだと思います。そこで，ここでは拍子のある音楽におけるリズム・パターンをより多く経験できる活動を紹介します。

## ❶リズムをつくって表現する

　右の写真を見てください。「１ト２ト３ト４ト」と書かれた紙（私の授業では“音の定規”と呼んでいました）を置き，その下に，４分音符や８分音符などが書かれたカード（私の授業では“音符カード”と呼んでいました。また，裏には４分休符や８分休符が書かれています）を置きます。そして，そこにできたリズム・パターンを，

「1ト2ト3ト4ト」と言いながらリズム打ちをします。学級全体やグループでリズム打ちをし，ピタッとそろったときは，結構盛り上がります。

やり方は簡単なので，右の写真のように，生徒がグループで自由に音符カードを並べて活動することができます。私の経験上，生徒がこの活動にはまり込んでくると，「1ト2ト3ト4ト」の声が大きくなり，そろってきます。こうなってきたら，うまくいっている証拠かもしれませんね。

また，慣れてくると，右の写真のように2段，3段と音符カードを並べる生徒が出てきます。生徒はこのような活動によって，様々なリズム・パターンを経験していきます。この経験は，歌唱，器楽，創作などの学習に生かすことができます。

### ❷読譜に利用する

歌唱分野や器楽分野の学習で，いわゆるリズムがとりにくいパターンに出会ったとき，音の定規と音符カードを用いて，リズム・パターンを確認することができます。特に，器楽分野の学習では有効です。例えば，リコーダーで新しい曲を演奏しようとするとき，生徒から「リズムが分からない」と言われることがありましたが，❶の活動を経験してからは，自分で音符カードを並べたり，楽譜に「1ト2ト3ト4ト」を書き込んだりしてリズムを確認している姿を目にするようになりました。

生徒は，「教えてもらわなくても自分でできるかも…」と思うと，やろうとするものです。音楽科の授業を通して，「教えてもらわなくても自分でできるかも…」という気持ちをもてるようにすることは，その後の人生で自ら音楽に関わっていこうとする気持ち，言い換えれば，音楽に親しんでいく態度の育成に寄与すると思っています。

（臼井　学）

# ３音ソルフェージュ，歌えるかな？　吹けるかな？

**関連する主な音楽を形づくっている要素：リズム,旋律**

　読譜という活動は，音楽科の学習においてはとても大切な学習活動だと思っています。しかしながら，実際は中学校においてもハ長調，イ短調の階名唱に抵抗がある生徒もいるのが実情ではないでしょうか。ここでは，歌唱分野や器楽分野の学習と関連付けて，ハ長調の「３音ソルフェージュ」に取り組む常時活動を紹介します。

### ❶「３音ソルフェージュ」のための準備

　最初に３音を示した下のようなシートを準備します。これは，楽譜作成ソフトでつくった楽譜を画像にして，Microsoft PowerPoint のシートに貼り付けて作成しています。

　階名は最初から表示しておくのではなく，アニメーションの設定などの機能を使って，クリックすると表示できるようにしておくとよいでしょう。最初はドから始めて，１度（同音）や２度の音程で３音を設定します。少しずつ，始める音の高さを変え，３度や５度，４度などの音程も加えていきます。

　Microsoft PowerPoint のようなプレゼンテーションソフトを使うことのメリットには，シートの追加・削除や並べ替えが自由にできること，シート

の切り替えや階名の表示が自動でできるようにタイミングを設定できることなどがあります。また，複数の教師で作成したものをお互いに共有することなども可能です。

### ❷「3音ソルフェージュ」の進め方

メトロノームやキーボードのメトロノーム機能などを使って，♩=80〜100の速さで拍を打つようにします。速さの設定は，生徒の実態などを見ながら判断するとよいでしょう。その状態で，❶で作成したプレゼンテーションのシートを順に表示します。拍に合わせて，テンポよく行うことが大切なポイントです。

次は，活動の流れと拍を表した図です。

| 楽譜を提示 | 生徒階名唱ドレミ | 階名表示 | 生徒階名唱ドレミ | 次の楽譜を提示 | 生徒階名唱ドミソ |
|---|---|---|---|---|---|

(拍)1 2 3 4　　　1 2 3　　4　　　1 2 3　　4　　　1 2 3

→ 続く

4拍目に楽譜を提示し，それを見た生徒は次の3拍で「ド〜レ〜ミ〜」と階名唱をします。4拍目で階名を提示し，次の3拍で再度「ド〜レ〜ミ〜」と階名唱をします。そして，4拍目で次のシートを提示して繰り返します。ゲーム感覚で10〜20シートぐらいを続けて行い，正解数をたずねるのもよいでしょう。上行，下行など音のつながり方の特徴も確認できるとよいですね。

### ❸「3音ソルフェージュ」のバリエーション

タイトルの「吹けるかな？」のように，リコーダーで演奏するのもよいでしょう。それから，3音にこだわらずリズムを変更したり，2小節7拍分を階名唱したりすることもできます。さらには，ハ長調だけでなく，イ短調で行ったり，ト長調（ホ短調）やヘ長調（ニ短調）などで移動ド唱法に挑戦してみたりしてもよいでしょう。

（副島　和久）

# 知覚と感受
# って何？

**関連する主な指導事項 ：〔共通事項〕　ア　イ**

　ここでは，音楽科の授業において重要な知覚・感受について，常時活動的に幅広く扱っていくことのできる活動を紹介します。

　小学校学習指導要領（平成29年告示）解説　音楽編には，「知覚」「感受」という言葉は使われていません。よって，教師がそれらの言葉を授業の中で当たり前のように使うと生徒には伝わらないかもしれません。小学校では，知覚・感受と同様の意味として，「聴き取ったこと（知覚）」と「感じ取ったこと（感受）」という言葉で学習してきています。知覚・感受については，全領域・分野において重要なことですので，小学校で学習したことを確認しながら，1年の最初の段階で指導することをオススメします。

## ❶実感を伴って知覚・感受する

　題材や授業で扱う音楽を形づくっている要素などと関連させながら〔共通事項〕の趣旨を生かした常時活動として位置付けることが重要です。

　曲は何でも構いませんが，歌い慣れている曲が効果的です。1年の最初であれば，校歌などを使って行うことが考えられます。例えば，速度を変えたり，強弱を極端に変化させたり，またキーボードを用いて音色を変えた伴奏に合わせて歌い，「何が変わった？」「感じ方はどう変わった？」などと問いながら，音楽を形づくっている要素の変化を知覚したり，それによって生まれた雰囲気などの変化を感受したりする活動を毎回の授業の導入で常時活動として取り入れます。

　他にも，長調の曲を短調に変えたり，4拍子の曲を3拍子に変えたり，1オクターブ高く（低く）変えて歌ったりすることが考えられます。大切なことは，実際に歌ってみながら，音楽の要素の何が変化してどのような感じが

するのかということを，実感できるようにすることです。歌い慣れている教材だからこそ，音楽を形づくっている要素の変化に気付きやすく，音楽が醸し出す特徴を捉えることができます。また，実際に何度も歌うことで技能の向上も期待できます。

## ❷思考・判断のよりどころとなる音楽を形づくっている要素の意識

　題材の学習においては，生徒の思考・判断のよりどころとなる音楽を形づくっている要素という視点をもって，既習曲や耳なじみのある曲を用いて，その授業で扱おうとしている要素などを意図的に示すことで，ブレない指導が可能となります。例えば，歌唱分野において，思考・判断のよりどころとなる音楽を形づくっている要素をテクスチュアとします。授業の導入で，既習曲をユニゾンで歌ったり，合唱で歌ったりしながら，「ユニゾンはおとなしい感じ，合唱は華やかな感じ」などと捉えます。そして，題材で扱う本教材をユニゾンと合唱の部分を対比させながら，どのように工夫して歌うかを考える過程を位置付けてみましょう。「ユニゾンは合唱の部分よりも一体感があり，よりエネルギーが必要な感じがするので，全体の響きを聴きながら力強さを表現したい」などと既習のテクスチュアに関する知識と新たに習得した知識とを結び付けることによって，テクスチュアに関する知識が再構築され，生徒の思考が深まり，思いや意図も充実します。

　また，鑑賞領域において，思考・判断のよりどころとなる音楽を形づくっている要素を強弱とします。授業の導入で強弱の変化を生かして既習曲を歌い，「フォルテは力強い感じで，ピアノは優しい感じ」などと捉えます。題材で扱う楽曲を鑑賞する過程で，「フォルテは絶望的な感じがして，ピアノは緊張感がある」などと既習の強弱に関する知識と新たに習得した知識とを結び付けることによって，強弱に関する知識が再構築され，思考が深まります。

　このように，知覚・感受を促す常時活動と題材の思考・判断のよりどころとなる音楽を形づくっている要素とを関連させて意図的に扱うことにより，充実した活動につながっていきます。

（佐藤　太一）

全領域・分野

# 楽しみながら
# 楽譜と触れ合おう

**関連する主な音楽を形づくっている要素：リズム**

　楽譜が読めないという生徒に何が読めないと感じるのかよく聞いてみると，音の高さを読むことよりも，長さを読むことに難しさを感じる生徒が多いようです。また，長さと速さを混同してしまう様子も多く見られます。リズム遊びをしながら，楽譜と触れ合っていこうという活動を紹介します。

### ❶リズムで自己紹介！

　まず，ベースとなる4分の4拍子の4拍を全員で合わせてリズム打ちをします。できれば，「手拍子・ひざ・ひざ・ひざ」のように強拍が感じられるようにします。そこに当てはまるように自分の名前を入れ，順に回していきます。例えば，「けいこ」のように3文字だと，自然と4分音符3つに収まるので，先生が楽譜に起こして表示して確認した後，3文字の名前の人だけで回すなどの活動を通して，楽譜と一致させていきます。

　これをフルネームにしたり，ニックネームにしたりすると，事態は一変します。「9文字ってどうやって入れるの？」と言いながらも，唱えてみると意外と入ってしまうものなので，やはり口に出して音にしてみることが大切です。自分や相手の大切な名前なので，楽譜に起こそうとすると「伸ばし棒は？」「"ちゃん"って1音？　2音？」と必死に取り組みます。いつか3拍子や5拍子でもやってみたいなと思っている活動です。

### ❷いくつ入る？⇔楽譜で表す

　ベースとなる拍子のカウントをメトロノームや電子音などで鳴らし，生徒が即興的に手拍子を打つ活動です。先生が「この列は1拍に1回打って」と指示し，手拍子回しの要領で音を鳴らしていきます。最初は，生徒が打ったリズムを，先生が楽譜に起こして表示します。パターンを予想してリズムカ

ードを用意しておくとスムーズに進みますが，みんながあっと驚くリズムが登場した場合には，その場で楽譜に書き起こすとよいでしょう。

例1：1拍に2個

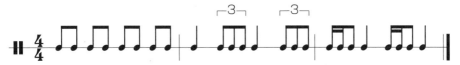

「1拍に何個」から，「2拍に何個」「4拍に何個」と自由度を高めると，様々なバリエーションのリズムに出合うことができます。特に，例3のように打つ数を減らすと，必ずどこかに休みやタメが生まれます。これを楽譜に起こすことで，休符の効果を感じ，休符が単なる休憩ではないことに気付くきっかけになります。

また，それぞれを同じ速度で行うことで，「音が短い」「リズムが細かい」と，「テンポが速い」の違いを理解することにつながります。いずれも大切なのは，音だけ・楽譜だけの理解ではなく，鳴っている音と音符の形が耳と目で一致するように活動することです。

例2：2拍に4個

例3：4拍に3個

音符や休符の形と長さが一致してきたところで，音を出す活動と楽譜に起こす活動を逆転させることも可能です。書けてもリズム打ちができないという場合は，記譜ソフトなどを使って，コンピュータが再生してくれる音と照らし合わせながら確認するとよいでしょう。

（渡辺　景子）

全領域・分野

# 和音で
# こんにちは

　「トーンチャイム」をご存知でしょうか。普及型のハンドベルとして開発された楽器です。何と言っても，透き通った音色と美しい余韻が特徴です。ハンドベルとはちょっと違った印象ですが，操作のしやすさから，小学校でもよく使われています。

　器楽演奏に用いることもできますが，今回は和音に耳を傾ける活動に用いてみます。

### ❶トーンチャイムでこんにちは

① 　1人1本ずつ，トーンチャイムを持ちます。

② 　教室の中を自由に歩き回ります。トーンチャイムの音色を楽しむ活動なので，おしゃべりは禁止です！

③ 　友達と出会ったら「挨拶を交わすように」トーンチャイムを鳴らし合います。同時に鳴らしても，ずらして重ねるように鳴らしても構いません。どんな音が生まれるかじっくり聴き合います。

④ 　次の友達との出会い（違う音との出会い）を求めて移動します。

⑤ 　友達と出会ったら，トーンチャイムで挨拶をします。

　とにかく音色と響きが美しい楽器なので，複数の音が響き合うと様々な音色が生まれます。それぞれがどの音のトーンチャイムを持っているか分からないところがミソです。偶然，長三和音や短三和音，完全四度や五度，八度などが響き合うこともありますし，不協和音になることもあります。和音に注目する耳を育てます。

## ❷仲良し（心地よい）和音を探そう

❶の活動の発展として，「よい響きだな」と感じた組合せの和音を「仲良し和音」として記憶しておき，後で発表し合います。教師が２つの音の関係を紹介してもよいでしょう。なぜよいと感じたのか伝え合うことも有効です。「気持ちがよい」「ふわっとする」「身体がよじれる」など生徒の感想や言葉も楽しみです。いろんな音との出合いが生徒の感性を揺さぶります。

## ❸和音でこんにちは

今度は偶然できる音色を楽しむ活動から，和音を探す活動です。活動前に，「ド・ミ・ソ」の和音を聞かせます。そして，「このような長三和音の響きとなる３人の和音仲間を探しましょう」と促します。

① 　１人１本ずつ，トーンチャイムを持ちます。

② 　自由に教室内を歩き回り，長三和音の響きを探します。

③ 　見つけたら先生に申告。見事見つけられたらゴールです！

これはかなり大変な活動です。しかし，中学生ともなると，なかなか賢いもので，トーンチャイムに示されている音名（CやC#など）をヒントにして和音仲間を見つけていきます。聴いて見つけるという活動からはやや逸れますが，和音を聴くという意味からよいのではないでしょうか。三和音を見つけたときの感動はなかなかのものです。

この活動には，教師のコツが必要です。生徒に渡すトーンチャイムをちゃんと選択しておくことです。勝手に持っていってはなかなか難しくなってしまいます。要注意です。


なかなか時間のない中学校の音楽の授業。少しの時間でもできる，和音に耳を澄ますきっかけとなる活動はできないかと考えてみました。あまりに身の回りに音楽が溢れすぎてしまっているときだからこそ，じっくり聴くことができる環境をつくりだそうとしています。

（牛越　雅紀）

# 指揮者に
# なろう

関連する主な音楽を形づくっている要素：リズム,速度,構成

　音楽に関連する憧れの職業の一つとして，指揮者が挙げられます。生徒は，指揮者への憧れを抱きながらも，自分には縁のないものだと思っているかもしれません。この常時活動を継続的に行うことによって，誰でも指揮者になれるという夢のような企画です（笑）。音楽に合わせて指揮のような活動をしたり，実際に合唱や合奏の指揮をしたりすることを通して音楽の特徴を感じ取り，このように表現したいという思いや意図をもつことにつなげていきます。中学校学習指導要領（平成29年告示）「指導計画の作成と内容の取扱い」では，配慮事項として２（1）ウが次のように示されています。

> 　知覚したことと感受したこととの関わりを基に音楽の特徴を捉えたり，思考，判断の過程や結果を表したり，それらについて他者と共有，共感したりする際には，適宜，体を動かす活動も取り入れるようにすること。

　ここでの「体を動かす活動」には，指揮などの身体的表現活動も含まれています。指揮は主体的に音楽を表現したり，鑑賞したりするための手段の一つとして，意味のある活動として位置付けられています。なお，指揮の基本的な技能については扱うことになりますが，指揮法の専門的な技術を習得するだけの活動にならないように注意が必要です。

## ❶鑑賞領域での取組

　まずは，音楽に合わせて体を動かし，指揮のような活動をすることから始めます。鑑賞領域に限らず授業の導入などで定期的に行います。一人ひとりが指揮棒（菜箸など）を持つと，気分は指揮者です。最初は，「この音楽は何拍子でしょうか？」「強弱の変化を表現してみよう」「楽器の音色の変化に

合わせて動きを工夫しよう」など，どの音楽の要素に注目して指揮を振るかについて具体的に示します。これを常時活動として位置付けることで，受け身になりがちな音楽を聴く活動に主体的に取り組むことが期待できます。クラシック音楽はもちろん，ジャズ，ポップス，諸民族の音楽まで多様な音楽に合わせて指揮をしながら聴くことで，音楽の特徴などをより一層感じ取ることができます。

　また，鑑賞の授業の中で，曲想が変わったところで手を挙げるなどして生徒の知覚・感受の状況を把握するような場面があります。音楽に合わせて指揮をすることで，例えば，「カルメン」（G. ビゼー作曲）の前奏曲のような3部形式のA─B─Aのそれぞれの場面で曲想が変化する曲では，場面ごとの曲想の変化を捉えて指揮の振り方を変化させている状況を観察する中で，生徒がその音楽をどのように捉えているかが一目で分かり，知覚・感受している様子を視覚化することができます。

## ❷歌唱・器楽分野での取組

　鑑賞領域では音楽に合わせて指揮のような活動をするという取組でしたが，表現領域の活動においては実際に歌唱や器楽の演奏を指揮します。生徒は，みんなの前で指揮をすることが想像以上に緊張するし，大変なことなんだということを実感します（これがとても大切）。この取組で重要なことの一つとして，指揮者の役割や気持ちを理解するということがあります。指揮をする経験を通じてその役割や指揮者がどのような意図で指揮を振っているのかを考えることで，どのように表現してほしいのかについて理解することができるのです。また，演奏者として指揮者の意図をどのように捉え，演奏すればよいかということが共有できます。このように，指揮を主体的に音楽を表現する手段の一つとして位置付け，生徒が体験する機会を設けることは，音楽を形づくっている要素の働きを意識して表現を工夫する学習につながります。最後に余談ですが，この取組により生徒が指揮者の楽しさや魅力に目覚めてしまい，合唱コンクールの指揮者に10人以上が立候補をして指揮者選びが大変だったことが…嬉しい悲鳴!?

（佐藤　太一）

# つくってみよう！ドレミファソラシド

関連する主な音楽を形づくっている要素：旋律（調,音階）

　生徒が読譜をする際，音名と階名，調と調号についての知識があるかないかということは大きいですよね。かといって，トレーニングのように階名唱に取り組ませるのもちょっと違うかな…と思います。ここでは，いろいろな音から始まる長調の音階を自分で探し出し，いろいろな調でドレミファソラシドをつくってみようという常時活動を紹介します。

### ❶「つくってみよう！　ドレミファソラシド」の予備知識

　「音名」とは文字通り，それぞれの音自体に付けられた固有の名前で，日本語ではイロハニホヘト，ドイツ語ではABCDEFGHで表します。基本的にハ音はハ音で，これがニ音になったりすることはありません。それに対して，「階名」とはその音階の中での順番みたいなものですから，ハ長調でハ音をドと読むことがよく知られていますが，それだけでなくいろいろな音が「ド」や「レ」になることがあるということを生徒と確認しておくとよいでしょう。次に，長調の音階がドレミファソラシドと聞こえるのは，ミとファの間，シとドの間が半音で，あとは全て全音の間隔になっているからです（実際に黒鍵と白鍵を用いて説明すると，生徒も分かりやすいと思います）。以上のようなことを確認した上で，いろいろな音から始めて長調の音階をつくるときに，ドレミファソラシドと聞こえるようにするとよいということと，そのために，ト音記号やヘ音記号の右横に付ける♯や♭のことを調号ということを押さえておきましょう。

### ❷ 「つくってみよう！　ドレミファソラシド」の進め方

　授業の冒頭では毎時間，次のような楽譜を生徒の分，準備します。

　この楽譜はト音（正確には一点ト）から始まっていますが，調号は付いて
いません。生徒はこの音階を鍵盤楽器やリコーダーなどで演奏し，ドレミフ
ァソラシドに聞こえるようにするためには，どの音を半音上げたり半音下げ
たりすればよいのかを考えます。この場合は，シの音に違和感があり，試行
錯誤しながら，シの音を半音上げる（ヘ音を嬰ヘ音にする），つまりシの音
に♯を付けるとよいことを探り当てます。その♯をト音記号の横に移動させ，
この音階では全てのヘ音は嬰ヘ音になることを確認します。この音階は，ト
音がドとなる（主音となる）長調の音階ですので，ト長調の音階ということ
を生徒と確認します。例えば，既習曲の中で「花」（滝廉太郎作曲）などト
長調で書かれた曲があれば，その楽譜を見て一部を移動ド唱法で階名唱して
みてもよいでしょう。

　次時からも以下のような楽譜を毎時間一つずつ準備し，生徒がドレミファ
ソラシドとなるように，調号を考えることができるようにします。

　活動は個人で取り組んでもよいですが，ペアや3人組などで取り組んでも
よいでしょう。また，鍵盤楽器が使用できるなら，できるだけ鍵盤楽器で取
り組んだり，さらにその調で書かれた作品の階名唱にも取り組んでみたりす
るとよいでしょう。ここでは長調を取り上げましたが，同様にして短調に取
り組んでみても面白いと思います。

（副島　和久）

全領域・分野

# 今日の学びを
# 振り返ろう

**育成が期待される主な資質・能力：教科の目標(3)**

　自分の学びを振り返り，学んだことをつなげながら次の授業や生活に生かそうとする力の育成を支えるために授業の最後の５分で行う常時活動です。

### ❶生徒が自身の学びを振り返る

　私は１題材につき１枚の「振り返りシート」を作成しています。Ａ４用紙で３行程度の枠と日付の記入欄を設けただけの，簡単なシートです。その日の授業で使用するワークシートの下に枠を設けてもよいですし，１年間を通して同じ書式のものを使用するのもよいでしょう。いずれにせよ大切なのは，繰り返し行って習慣化することです。習慣化していれば，50分の授業に見通しをもって取り組めるばかりではなく，発表会の振り返り，題材全体の振り返り，３年間の創作の授業の振り返りなどどのようにでもアレンジでき，大きなスパンでの振り返りに発展させることができます。

　授業のねらいに応じて，知識・技能の観点では分かったこと，分からなかったこと，さらに知りたいこと，できるようになったこと，できなかったこと，次回できるようになりたいことなどを視点として設けます。思考・判断・表現の観点では，表現するときに意識したことや工夫したこと，見つけたコツ，演奏や鑑賞した音楽から感じたことや気付いたことなどを書くように促します。

### ❷先生が振り返る

　先生が振り返りシートに目を通し，生徒の言葉で授業を振り返って次時に生かすことは，非常に重要だと考えています。よりよい合唱をつくるために，各パートがどのように重なっているかを確認し，理解して表現できたはずなのに，生徒が振り返りで「他のパートを聴かずに，自分のパートを歌うこと

に集中するのがコツだ」と書いていた…このように，授業でねらっていたことと振り返りのポイントがずれていることはよく起こります。コメントを記入して生徒に再考させることも大切ですが，ユニゾンやかけ合いのところをもう一度楽譜で確認した方がよいか，ハーモニーになっているところをピアノ伴奏とともに確認した方がよいか，パートで別々に歌わせ聴き合うかなど，次時の授業で改善を図るヒントがたくさん隠れています。授業で気付いてほしかったことや感じてほしかったことが書かれていたときや，教師もあっと驚くような発見が書かれていたときにはうれしい気持ちになります。また，先生が見てくれていると感じている生徒は，質問や困っていることを記入してきますので，コメントを返すことでコミュニケーションを図ることもできます。ぜひ"教師の常時活動"として取り組むことをオススメします。

### ❸みんなで前時の学びを振り返る

　生徒の振り返りの記述ほど，次の授業の導入に最適なものはありません。生徒の「今回はこんなことを学んだ，次回はこんなことを頑張りたい」という発表からは，教師が「前回こんなことをしたよね」と投げかけるよりも，前時の授業の様子が鮮明に浮かびます。「フーガ　ト短調」（J.S. バッハ作曲）を聴いて，「アルトが4分音符のとき，ソプラノは16分音符で，両方が聞こえるようにうまく重なっていることに気付いた」という発表に対する「そんな重なりあった？」というつぶやきから，もう一度楽譜を見ながら聞いてみようという活動が生まれることもあります。特に，振り返りの習慣を付けていきたい1年生には，よい例をピックアップして発表してもらい，どのようなところがよいか解説することで，書き方について指導していくとよいでしょう。

　このような活動を積み重ねていくことで，「オペラは初めて観たが，昨年見たバレエとの共通点は…」というように，教師が促さなくとも以前学んだことや知っていることと結び付けてその日の学びを振り返ることができるようになります。さらには，生活の中の音楽と結び付いたり，他教科の学びとつながっていったりすると素敵だなと思っています。

（渡辺　景子）

# 発言・発表
# しよう

**育成が期待される主な資質・能力：教科の目標(2)**

　授業での発言場面を考えたとき，発言した生徒の数よりも発言しなかった生徒の方が多いということはよくあります。発言したくても指名されなかったのでできなかったという生徒もいれば，自分から挙手できず発言しなかったという生徒もいるでしょう。教師が促さなければ，一度も自分の意見を言わないまま授業を終える生徒は案外多いです。発表したくないというわけではなく自分の意見を聞いてほしいという気持ちがある一方で，恥ずかしかったり自信がなかったりして発表できないなど，中学生の気持ちは複雑です。

　授業で発言をし，自分の発言に対する他者の反応を見ることで，「自分の意見に共感してくれる人がいた」「自分の意見は他の人と似ていた」「自分の意見を相手に分かるように伝えることができなかった」などと自分の意見を客観視することができます。そして，それを手がかりに自分の意見を見直したり，考察を加えたりしながら学習を深めることができます。そのためにも，生徒が自分の意見を発表する場面を設定することは大切です。ところが，そうはいっても生徒全員に発言させるというのは難しいですよね。

### ❶ペアの対話

　生徒に発言してほしい場面で，手を挙げて発言する生徒がいない，あるいは，発言するのはいつも同じメンバーになってしまう，ということはありませんか。そんなとき，１対１のペア活動を継続的に取り入れてみましょう。ペアになれば，対話せざるを得ない状況になるとともに，相手は一人なのでグループやクラス全体に発言するよりも，緊張せずに話すことができます。一人の相手にしか発言できないということはありますが，クラス全員が確実に発言することができ，しかも短時間でできるというメリットがあります。

また，対話によって能動的になるため，生徒の顔が生き生きとし，授業に活気が生まれるのもうれしいことです。そのとき，「相手の発言の中でよいと思ったところを必ず一つ以上褒めてあげよう」「相手の発言に対して必ず一言コメントするようにしよう」などと言ってみましょう。それによって，相手の発言を真剣に聞く姿勢が生まれるとともに，自分の発言に対して相手が言ってくれたことを手がかりにして自分の意見を見つめ直すことができます。その後，「ペアで話したことを全体にも紹介してください」などと促せば，挙手して発言できる生徒は増えます。

## ❷題材のまとめ時のペア活動

　題材のまとめをするとき，ワークシートへ記入して意見交流し，まとめを行うという指導計画を立てたものの，時間がなくなったので誰にも発言させることなくワークシートを集めて終わりにしてしまった，という経験はありませんか。全員がワークシートを書き終わるまで待っていたら発表時間が足りなくなったなど事情は様々あると思いますが，これでは「主体的・対話的で深い学び」のチャンスを逃してしまうことになります。

　こういうときにワークシートをペアで交換して読み合い，互いの意見にコメントするという3〜5分の活動をオススメします。はじめのうちはその都度，「相手の意見のよいところを見つけて伝えよう」などと助言します。活動に慣れてきたら，「互いの意見について分からない点や気になる点を質問し合おう」「互いにアドバイスがあればしよう」などと助言します。ワークシートを読み合って他者の意見に触れることで刺激を受け，自分と他者の意見とを比べることで自分の意見を見直すことができます。

　さらに，自分の意見に対するコメントをもらったり，相手の意見にコメントしたりすることで対話が生まれ，自分の考えを広げたり深めたりすることができます。活発に対話しているペアに，「今2人で話したことをクラス全体にも紹介してください」と促せば，題材のまとめにつながる発言を引き出すことができます。このような活動の積み重ねが，「主体的・対話的で深い学び」へとつながっていきます。

(勝山　幸子)

全領域・分野

# 音や音楽と
# 積極的に関わろう

## 育成が期待される主な資質・能力：教科の目標(3)

　「音楽は大好きだけど音楽の授業は大嫌い」。初任者のときに生徒に言われた言葉です。当時はこの言葉の本当の意味が分かりませんでしたが，授業を振り返ると，生徒の興味・関心や必要感とは全くの無関係な内容であったと猛省しています。このような授業では，教科の目標（3）に示されている資質・能力の育成は期待できませんよね。そこで，音楽と生活とを関連付ける授業づくりの視点をもって取り組める活動を紹介します。ここで紹介する活動の積み重ねは，生徒が自ら音楽的な見方・考え方を働かせ，生涯にわたって豊かに音楽に関わっていくことにもつながると思っています。

### ❶生徒が音楽室を出た後に，どのように音楽と関わるか

　教師は，授業の中で生徒が力を身に付けられるように準備をして授業に臨むわけですが，限界があります。よって，生徒が音楽室を出た後に自分から音楽に積極的に関わっていく力が重要になります。生徒が日常生活でどれくらい音楽との共存を意識し，どのように音楽と関わっていけばよいかを考えられるようにすることです。そのために，授業の中で具体的に生徒の生活と音楽が関わっている場面などを提示し，音楽的な見方・考え方を働かせる場面を設定します。例えば，生徒に「朝，どんな音や音楽で起きますか，なぜ，その音や音楽で起きるのですか？」と問います。生徒は「好きな音楽で起きます。一日の始まりを気持ちよく迎えたいからです」などと言います。その生徒の意見を捉えて「朝，気持ちよく起きて一日頑張れる目覚ましの音楽をつくろう」などと創作の授業を展開します。他にも，「なぜ，このCMにはこの音楽が使われているのか？」「スーパーで流れている音楽によって，客の購買意欲に変化があるのはなぜか？」など音楽と生活との関わりに意識を

向けることのできる問いをいろいろ考え，月に1回，2か月に1回などのペースで継続的に常時活動として仕組んでみてはいかがでしょう。

### ❷生涯にわたり，音楽と豊かに関わり続ける生徒の育成を目指す

　本来の目標とは別に，"裏目標"なる音楽との関わりにおいて目指すべき生徒の姿をイメージして授業を展開することをオススメします。交響曲第5番「運命」（L.v.ベートーヴェン作曲）の鑑賞の授業を例に考えます。

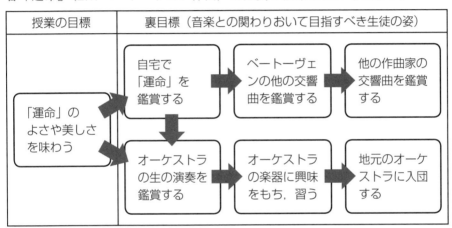

| 授業の目標 | 裏目標（音楽との関わりおいて目指すべき生徒の姿） | | |
|---|---|---|---|
| 「運命」のよさや美しさを味わう | 自宅で「運命」を鑑賞する → | ベートーヴェンの他の交響曲を鑑賞する → | 他の作曲家の交響曲を鑑賞する |
| | オーケストラの生の演奏を鑑賞する → | オーケストラの楽器に興味をもち，習う → | 地元のオーケストラに入団する |

　こんなにうまくはいきませんが，生徒が自ら音楽と関わっていこうとするような授業を目指します。中学校音楽科の教師は，義務教育最後の場面を任されており，生徒にとっては必修教科として学ぶ人生最後の機会となります。よって生徒が音楽の魅力や素晴らしさを感じ，音楽と上手に付き合うことにより，人生がより豊かになるということを実感できるような授業を展開していきたいものです。そして，自分から音楽ともっと関わりたい，音楽についてもっと知りたいと思うことが重要です。

　常時活動として，今日の授業で学習したことは普段の生活のどのような場面で生かせるか（生かせそうか）などを考えたり，題材で学習したことを，今後どのような場面で生かしていきたいかなどを題材の終末のワークシートなどで意見を求めたりしてみましょう。これは，教師の今後の授業改善に役立てられる情報にもなります。

（佐藤　太一）

全領域・分野

# 音楽と関わる仕事を
# 意識しよう

育成が期待される主な資質・能力：教科の目標⑶

　将来生き残る仕事ランキングという特集を見たことがあります。上位の職業の共通点として人とのコミュニケーションが多く，AI に取って代わることが難しい人間にしかできない創造性が必要な仕事であるということがありました。音楽に関わる仕事を考えることで，音楽との関わり方やその存在意義についての考えを深められることを期待しつつ，職業観という視点に目を向けられるような活動を取り入れてみてはいかがでしょうか。この視点を踏まえて「音楽に関わる仕事は何がありますか？」と問います。生徒からは歌手，演奏家，作詞家，作曲家など演奏や作詞・作曲に関わる仕事が多く出されます。他にも楽器や，コンサートやイベントに関わる仕事，音響関係の仕事などが考えられます。もちろん，音楽の魅力を伝えるということを含む，音楽科の教師もありますね。これらを授業で扱う内容と関連させてみると，生徒が音楽に関する仕事にも目を向けることが期待できます。

## ❶音楽と関わる仕事を授業内容と関連させて考える

　授業の中で生徒が学習することと，音楽に関する職業とを関連させて扱う際に考えられるものとして例えば，次のようなものが挙げられます。
・演奏家や作詞・作曲・編曲（アレンジ）に関する仕事
　…声楽家，楽器演奏者，指揮者，作詞者，作曲者，編曲者，音楽プロデューサーなど
・楽器に関わる仕事
　…楽器修理師，ピアノ調律師，楽器職人，楽器インストラクターなど
・コンサートやイベントに関わる仕事
　…イベントプロデューサー，ステージエンジニアなど

・音響関係の仕事

　…レコーディングエンジニア，PA エンジニア，ミキサーエンジニアなど

・音楽の魅力を伝える仕事

　…音楽教師，音楽評論家，音楽雑誌等記者，編集者など

　例えば，オーケストラの音楽を鑑賞する授業において実施するために，どのような職業が関連しているかを考えさせます。作曲者→指揮者・楽器演奏者・楽器職人→音楽プロデューサー→録音ホールの音響関係者→レコーディングエンジニア→音楽科の教師…のように考えることによって，多くの職業がそれぞれ役割を果たし，現在受けている授業が成り立っていることを実感することができます。また，音楽配信によって生徒が好きな音楽を好きなときに聴くことができるのは，自分たちの生活とともに音楽があり，様々な人の努力によって音楽が提供されているからだと気付きます。また，音楽の存在意義を確認し，一つひとつが重要であるという認識のもと，著作権などについて扱うことにもつながります。

**❷我が国の伝統音楽の視点から考える**

　「歌舞伎役者や雅楽の演奏者になるには？」など，我が国の伝統音楽に関する職業についてはどうでしょう。中学校卒業とともに就くことが条件になっている職業などもあり，音楽の継承と伝統を守ることが重要視されていることと関連させて学ぶことで，授業での学びのさらなる充実につなげられるかもしれません。また，我が国の伝統音楽を学習することの意義に気付くことも期待できます。ゲストティーチャーとしてプロの専門家を招聘して授業を実施する際などには，本物の音楽に触れるだけではなく，その音楽や楽器などの生まれた背景，さらにその方がどのようにして今の職業を選択したのかなどを実際の話として聴くことで，生徒の職業観をより豊かにすることができるかもしれません。

　音楽に関する仕事は創造性を要することが多く，将来生き残る仕事として重要度を増しています。生徒が音楽科の存在意義を理解し，音楽は人間にしかできない，重要なものとして捉えさせたいものです。　　　　　　　（佐藤　太一）

【執筆者一覧】（執筆順）

臼井　　学　　長野県教育委員会

望月　光祐　　長野県総合教育センター

小林　美佳　　山梨県総合教育センター

鏡　千佳子　　金沢大学人間社会学域学校教育学類附属中学校

牛越　雅紀　　長野県諏訪市立上諏訪中学校

荒井　和之　　長野県教育委員会

西澤　真一　　長野県須坂市立森上小学校

山下　敦史　　札幌市教育委員会

安部　文江　　長野県小諸市立小諸東中学校

佐藤　太一　　埼玉県教育委員会

五月女　穣　　栃木県下野市立国分寺中学校

副島　和久　　佐賀市立金立小学校

勝山　幸子　　東京都港区立御成門中学校

波場　智美　　長野県塩尻市立広丘小学校

渡辺　景子　　北海道札幌市立北辰中学校

**【編著者紹介】**

臼井　　学（うすい　まなぶ）

長野県教育委員会事務局　学びの改革支援課　教育主幹　兼
義務教育指導係長。長野県内公立中学校教諭，信州大学教育学
部附属長野中学校教諭，長野県教育委員会指導主事，文部科学
省初等中等教育局教育課程課教科調査官，信州大学教育学部附
属長野中学校副校長を経て，令和３年４月より現職。

中学校音楽の「常時活動」アイデア大全

| | | | |
|---|---|---|---|
| 2023年４月初版第１刷刊 | ©編著者 | 臼　井　　　学 | |
| | 発行者 | 藤　原　光　政 | |
| | 発行所 | 明治図書出版株式会社 | |

http://www.meijitosho.co.jp
（企画）赤木恭平（校正）宮森由紀子
〒114-0023　　東京都北区滝野川7-46-1
振替00160-5-151318　電話03(5907)6701
ご注文窓口　電話03(5907)6668

＊検印省略　　　　　組版所　藤　原　印　刷　株　式　会　社

本書の無断コピーは，著作権・出版権にふれます。ご注意ください。

Printed in Japan
JASRAC 出 2210186-201
もれなくクーポンがもらえる！読者アンケートはこちらから
→
ISBN978-4-18-298415-0